陰《いん》陽《よう》五《ご》行《ぎょう》説《せつ》が教える

動物LOVE^{2}占い

あの人との相性が見えてくる本

プロローグ

あなたの明日を左右する動物ＬＯＶＥ^{2}占い

私たちが日常よく目にしている古くからの占いは、そのほとんどが、中国から伝えられたものです。

東洋の占術は、とくに古代中国で発祥したものでした。古代中国民族が黄河付近に定着して、古代文明を開いて以来、発展していったものです。

中国で紀元前二九〇〇年頃に出された古文書には、すでに月と太陽とその周りを回る惑星の動きのことが書かれています。また、宮廷の官選天文学者によって、天球図や太陰暦、太陽暦が作られていたようです。

このような天文知識をもとに発展したのが、さまざまな占いでした。

そして、その中心の考え方は「五大元素」にあります。

プロローグ

はるか昔の中国の人々は、宇宙のすべては「木火土金水」の五つの元素が作り出していると考えました。これが「五行説」です。

そのうちに、木火土金水のそれぞれに陰と陽があると考えられるようになり、「陰陽五行説《いんようごぎょうせつ》」に発展していきました。

たとえば、木を兄弟にあてはめて、兄を陽、弟を陰とすると、「木の兄（え）」「木の弟（と）」となります。火の場合は「火の兄（え）」「火の弟（と）」となります。これを「十干《じっかん》」といいます。

木の兄（きのえ）　木の弟（きのと）
火の兄（ひのえ）　火の弟（ひのと）
土の兄（つちのえ）　土の弟（つちのと）
金の兄（かのえ）　金の弟（かのと）
水の兄（みずのえ）　水の弟（みずのと）

この本で紹介する「動物ＬＯＶＥ^{2}占い」は、「木火土金水」

を、私たちがよく知っている動物に置き換えて表現したものです。つまり、人間もこの五つの元素のどれかの性格を持っていると考え、動物にあてはめたわけです。

動物の占いとしては、「十二支《じゅうにし》占い」が有名です。十二支占いこそは、動物占いの元祖といえます。しかし十二支というのは、元来は動物のことではありませんでした。

十二支については、一般に、子、丑、寅、卯、辰、巳、午、未、申、酉、戌、亥を、ねずみ、うし、とら、うさぎ、たつ、へび、うま、ひつじ、さる、とり、いぬ、いのししと考えている人が多いのですが、じつはこの順番は、「植物が芽生えてから枯れて死ぬまで」のようすを表したものなのです。

このように、植物の生涯を表した十二支は、人生のエネルギーを暗示しています。ただし、元来の十二支は文字も難しく、わかりにくかったので、それぞれの十二支に動物をあてはめて、説明しているわけです。

じつは、この本で説明する動物ＬＯＶＥ^{2}占いも、さきほど説明した「十干」を、なじみ深い動物に置き換えて、相性を考えたものです。

この占いをみれば、あなたの基本的な性格はもちろん、恋愛の傾向なども手にとるようにわかります。そのうえ、対人関係に重要な相性が、ズバリと見抜けるのです。

すでに発表した『動物性格占い』では、これらの動物の基本的な性格と人生との関係を説明しましたが、この本では、それをさらに進めて、恋愛や友人関係といった、人間の相性について考えてみることにしました。また、ある年とあなたの相性、つまり、その年はあなたにとって良い年なのか悪い年なのかについても教えることにします。

この本を使えば、あなたの未来はもっと明るいものになると思います。大いに活用してください。

CONTENTS

目次

イラストレーション／和田慧子
DTP／三協美術

第1章

あなたの性格を探る

動物は陰陽五行説を表している

この本に登場する動物は、それなりの理由があります。つまり、すべて「木火土金水」の「陰陽五行説《いんようごぎょうせつ》」に基づいているからです。

まず、「ぞう」と「うさぎ」ですが、これは木（おだやかさ）の陽と陰の代表として登場します。つぎに、「ライオン」と「ヘビ」は、火（激しさ）の陽と陰の代表です。それから、「いぬ」と「うし」は、土（まじめさ）の陽と陰の代表です。また、「猿」と「孔雀」は金（鋭さ）の陽と陰の代表です。最後に、「ビーバー」と「イルカ」は、水（柔軟さ）の陽と陰の代表です。

あなたの動物タイプを調べてみよう！

そこで問題なのが、あなたがどの動物に当たるのか、ということですが、調べるのはとても簡単です。

この本の巻末（113ページ〜）にある「動物早見表」を見てください。この早見表で、自分の生まれた年、月、日のところを調べると、あなたの動物タイプがわかります。

たとえば、一九八二年十一月二日生まれなら「うしタイプ」で、一九七七年九月二〇日生まれなら「猿タイプ」となります。

注意しておきたいのは、この占いは、東洋占術をベースにしていますが、あくまでも十二支占いとは違ったものだということです。それを頭において、あなたの実際の姿について考えてください。

ぞう
世話好きなリーダー型

おだやかで、誰からも愛され、信頼されます。でも、強い意志を持ってしっかり生きています。いつも微笑みを浮かべ、やさしそうに見えますが、何があってもどっしりと落ち着いています。頭の回転は速く、好奇心旺盛、とくに小説、音楽、映画などが大好きな人。

この人の恋愛は社交的で、友だちが多く、異性とつき合うチャンスにも恵まれています。ただ、本質的にはあっさりしているので、情熱のままに突っ走るようなことはないし、ふられてしまっても、ダメージを受けず、サッサと忘れて立ち直ります。

でも、異性から告白されると、なかなか断ることができません。「好きです」といってくれる人となんとなくつき合う場合があります。好きになった相手には心からつくします。といっても、相手の自由になるのではなく、上手につき合いながら、結局は自分がリードするといったお利口さんです。

恋愛の対象としては、最終的に自分の意見をよく聞いてくれる相手を選ぶでしょう。そうした特定の異性ができれば、目移りすることはないはずです。

うさぎ
評価が気になるいやし型

人の気持ちを大切にするやさしい性格です。控え目で、自分の主張をあまり出しません。

「周囲の人たちは自分をどう思っているのだろう」と、とても気になるので、明るくて、よく気がつく人と思われています。それだけに、人の意見に左右されやすい面もあります。

恋愛の傾向は生まれつき愛嬌がありますから、異性とでもすぐ親しくなれます。また、身ぎれいにするのが好きで、オシャレのセンスもなかなかですから、デートの誘いも多いでしょう。

好きな人に対しては、自分の気持ちを素直に伝えられません。どうしたらわかってもらえるかと悩み、グズグズしています。すぐに行動しないので、友だちに先を越されたりするケースもあるでしょう。

なんだか頼りないようですが、じつはこのタイプは、「かばってあげたい」と異性の保護本能を刺激するので、けっこうモテるはずです。

ただ、特定の人だけでなく、誰に対しても、ていねいで親切な態度をとるので、「あれ、気があるみたい」と妙に誤解されることも多いかもしれません。

ライオン
エネルギッシュな短期突進型

百獣の王ライオンのように、目標に向かってエネルギッシュに行動します。コツコツ努力をするより、才能を信じて、一気に走っていくタイプです。

感覚が鋭く、ずば抜けた行動力と度胸で力を発揮します。すべてに徹底主義で、全力でぶつかります。

この傾向は恋愛面にも強く出ます。流行に敏感で話題も豊富、もともと積極的ですし、そのうえムード作りもうまいので異性にモテます。うまくやっていけるかどうか第一印象でわかる鋭いアンテナの持ち主です。初対面でも「好みのタイプだ！」と思ったら、猛烈なアタックを開始します。一日のうちに二人の人とデートするのもへっちゃら。

逆に考えると、恋愛は自己中心的になりがちということです。恋をすると何も見えなくなり、周囲の忠告など無視して、ビックリするような行動を起こしたりもします。友だちの恋人に手を出したり、不倫をしたり……。

しかも、やっとゲットした恋人でも、すぐにあきてパッと放り出してしまうことが多いから不思議です。

ヘビ

大胆かつ注意深いプライド型

やさしく控え目で、相手を立てて、自分は陰になって支えていくという姿勢の人です。でも、心の内には強い情熱を秘めています。状況判断はすばやく、大胆でしかも注意深い行動力を持っています。

このタイプの恋愛は、運命的な出会いを信じたり、特定の人から影響を受けることが多いでしょう。これは、この人の生まれながらの本能といえます。

恋愛は、心のつながりを第一に考え、短い時間でも、相手と気持ちが合えば、それだけで満足。ただ、「こんなに自分が思っているのだから、きっと相手も」と思いがち。

好きな人に対しては、じっと自分の思いを心に秘めて、じっくりチャンスをうかがい、巧みに行動します。そして、恋人になると、相手を束縛したがります。浮気の証拠を見つけたら、いつまでも責めるタイプです。

しかも、考えすぎて悩むという、嫉妬心の強いタイプです。執着心は人一倍ありますから、つき合い始めると、めったなことでは別れないでしょう。

いぬ

信用第一の優柔不断型

まじめで信用できる性格の持ち主です。常識やモラルを大切にするため、自分から、とんでもない思い切った行動に走ることはほとんどありません。また、信頼した人や尊敬する人に対しては、よくつくすでしょう。

お人好しで、社交的で、誰とでも楽しくつき合えます。その場合、なんとなくグループ交際をすることが多くなるでしょう。「あの人をマークしよう」などと、特定の異性の行動だけ細かく気にかけることはあまりありません。

そのため、ちょっと好きな人がいても、友だち関係のままで過ごすことが多いようです。ハッキリと意思表示をしないので、カップルになるまでには、ちょっと時間がかかるでしょう。

でも、異性からは告白を受けることがあるはず。自然にふるまっているだけで、注目されるトクなタイプです。

好きな相手に対して、自分の意見を率直に話せなくなるケースがありますが、「まあ、いいか」と、なんとなく相手に合わせてしまうという人の好さ、やさしさがあるのです。

うし
慎重すぎる堅実型

　どちらかといえば目立たない存在ですが、親しみやすさがあり、包容力と協調性のため、組織に向いています。穏やかで素朴な人間性が好かれるため、集団の中では貴重な人材とされることが多いでしょう。

　恋愛面では、自分が堅実なので、軽いノリの異性は大嫌いです。もちろん自分から異性にナンパするのは、恥ずかしくてできないタイプです。じっくり時間をかけて、相手がその気になるまで待つでしょう。

　恋に対する憧れは大きいのに、警戒心が強いため、自分の心の中をなかなか見せようとしません。好きな人がいても、相手から意思表示されるまでは、自分の気持ちを打ち明けないでしょう。失敗したくないし、駆け引きは嫌いなので、なかなか恋愛が進展しないのです。

　あれこれと試行錯誤を重ねて、やがては自分に合う人を探し出すタイプ。スマートとはいえませんが、つき合えばつき合うほど、誠実でやさしい性格がわかるでしょう。

　しかも、おもしろいことに、このタイプの人は、男性も女性も、純情なところが気に入られて、かなりの玉の輿《こし》的な結婚をする可能性があります。

猿

落ち着かない行動型

直感的に何かを感じると、すぐに行動するタイプです。人に注目されることが好きですが、落ち着きがなく、おっちょこちょいの傾向もあります。開放的で正直ですから、喜びも悲しみも素直に表現しますし、人に同情しやすいので、逆にだまされるケースもあるかもしれません。

恋愛面では、けっこう人の好き嫌いが激しく、一度イヤだと思った人に対しては、絶対に心を許しません。なれなれしい態度をされると、ムッとして、急に冷たくなるでしょう。逆に、いったん好きになると、やたらと好意を示したりします。

そして、いったん「この人は信じられる」と決めると、相手に対して一生懸命につくし、そんな自分の姿に感動したりします。

恋人が嘘をついたりしたら、ほんの小さなことでも、絶対にバツ。浮気がバレたりしたら、二度とつき合わなくなるかも。もちろん自分自身も、同時に二人とつき合う遊び人ではありません。

なにごともキッチリしていたいので、デートの時間を間違えたり、忘れて寝ていたりするような、だらしのない人もイヤなのです。

孔雀
評判を気にする完璧型

冷静で、慎重にものごとに取り組む人です。それが高い評価を受けるので、周囲に気をつかい、どう思われているか気にするタイプです。普段はおとなしいのに、面倒な状況では、自己主張します。弱みを見せたくないために無理して後悔するケースもありそう。

このタイプの恋愛の傾向としては、好きな人が現れても、「相手の気持ちが読めるまで待とう」と考えがちで、自分からは告白しません。素直に自分を表現するのが恥ずかしいというか、距離を置いて恋愛を考えるのです。

そのため、交際が始まっても、「この人、本気なのかな」と思われることも少なくないでしょう。

このタイプは、自分と同じような考え方をする人で、ちょっと理屈っぽい人に弱いでしょう。音楽でも、映画でも、スポーツでも、自分だけの世界を持っているような、知的な相手に惹かれます。

また、身ぎれいな孔雀のように、オシャレにはかなり気をつかうので、自分独自のファッションを理解してくれる人にも、好意を感じるでしょう。

ビーバー
一流好みの活発型

陽気で活発な人です。知的で、対人関係が上手ですから、自然にリーダーになるでしょう。ただし、時間をかけて取り組むのは苦手です。美しいもの、すばらしいものに対しての憧れが強く、ブランド物などの流行にも敏感。それを上手に取り入れるセンスもあります。

この人の場合、恋愛面では異性にアピールする魅力は十分。そのため、あちこちから誘われます。そうした自分の魅力を知っているので、こっちから声をかけることもけっこう多いはず。

ただ、このタイプは、いつも自由でいたいため、どうしても一人の人を思い続けるのがむずかしいようです。それぞれの相手に対しては真剣なのですが、一人の人に束縛されるのはイヤで、自由奔放に恋を楽しむという傾向が強いのです。

でも、恋におぼれてめちゃくちゃになることはまずありません。見込みがないと感じると、すぐに次の恋に移れるのです。

自分が主導権を握っていたいタイプで、優越感が強く、それだけに、ときにちょっと相手をバカにするような部分が出やすいかもしれません。

イルカ
気配り上手の努力型

サービス精神旺盛で気配り上手。相手の気持ちをさりげなく察し、それに合わせようとします。重大なトラブルが生まれても、あわてずに対処する能力にも恵まれています。ただし、自分のやり方について他人から強く批判されると、ときには、カーッとして爆発することもあります。

恋愛面では情感が豊かで、すぐに感激するロマンチスト。内面はかなり繊細です。

この人の場合、そんなムードが、異性の目にとても魅力的に映るようです。健康的な明るさというよりは、ちょっと色っぽく、また、気まぐれで神秘的な面もあり、異性は夢中になってしまいます。自分から誘わなくても、よりどりみどりでしょう。

ただし、押しに弱い面があるため、一度に複数の人から迫られるとズルズルと引きずられてしまい、気がついたら二股状態なんてことも少なくありません。

「気が多い」と思われたり、不倫や三角関係に巻き込まれる危険もあります。誰に対してもやさしく、誘いを断れないためです。

第 2 章

隠しキャラの存在
「第二の自分」と「二つの守護動物」

あなたの性格の陰に潜む「第二の自分」とは？

すでに発表した『動物性格占い』と同じく、この本でも、性格を表す動物キャラはその人の生まれた日から割り出しています。

ただ、もしかすると「なんとなく自分の性格とは合わないような気がする」という人がいるかもしれません。「私は激しい性格だからライオンのようなタイプなのに、まったく別の動物になっている」などと感じることもあるでしょう。

そこで教えたいのが「第二の自分」です。じつは、生まれた日から割り出した基本性格を第一の自分とすれば、そのほかにも、その陰に隠れている「もう一人の自分」がいるのです。

第一の自分を表の自分とすれば、第二の自分は裏のあなたというわけですが、「表の自分の性格が合っていない」という場合は、裏の自分のほうがより強く出ている可能性があるということです。

「第二の自分」を表す隠しキャラ

では、「第二の自分」は、どうやって知ることができるのでしょうか。それは、左のページにある「隠しキャラ早見表」でわかります。まずこの早見表で、あなたの

隠しキャラ早見表

生まれ年	隠しキャラ
1901	孔雀
1902	ビーバー
1903	イルカ
1904	ぞう
1905	うさぎ
1906	ライオン
1907	ヘビ
1908	いぬ
1909	うし
1910	猿
1911	孔雀
1912	ビーバー
1913	イルカ
1914	ぞう
1915	うさぎ
1916	ライオン
1917	ヘビ
1918	いぬ
1919	うし
1920	猿
1921	孔雀
1922	ビーバー
1923	イルカ
1924	ぞう
1925	うさぎ
1926	ライオン
1927	ヘビ
1928	いぬ
1929	うし
1930	猿
1931	孔雀
1932	ビーバー
1933	イルカ
1934	ぞう
1935	うさぎ

生まれ年	隠しキャラ
1936	ライオン
1937	ヘビ
1938	いぬ
1939	うし
1940	猿
1941	孔雀
1942	ビーバー
1943	イルカ
1944	ぞう
1945	うさぎ
1946	ライオン
1947	ヘビ
1948	いぬ
1949	うし
1950	猿
1951	孔雀
1952	ビーバー
1953	イルカ
1954	ぞう
1955	うさぎ
1956	ライオン
1957	ヘビ
1958	いぬ
1959	うし
1960	猿
1961	孔雀
1962	ビーバー
1963	イルカ
1964	ぞう
1965	うさぎ
1966	ライオン
1967	ヘビ
1968	いぬ
1969	うし
1970	猿

生まれ年	隠しキャラ
1971	孔雀
1972	ビーバー
1973	イルカ
1974	ぞう
1975	うさぎ
1976	ライオン
1977	ヘビ
1978	いぬ
1979	うし
1980	猿
1981	孔雀
1982	ビーバー
1983	イルカ
1984	ぞう
1985	うさぎ
1986	ライオン
1987	ヘビ
1988	いぬ
1989	うし
1990	猿
1991	孔雀
1992	ビーバー
1993	イルカ
1994	ぞう
1995	うさぎ
1996	ライオン
1997	ヘビ
1998	いぬ
1999	うし
2000	猿
2001	孔雀
2002	ビーバー
2003	イルカ
2004	ぞう
2005	うさぎ

生まれた年を探します。そして、生まれた年の右側の欄にある動物が、あなたの「隠しキャラ」です。隠しキャラは、その動物の性格が、そのままあなたの「第二の自分」の性格を表すことになります。

たとえば、あなたが1973年4月10日生まれとすると、生まれた日から割り出した動物はライオンで、それがあなたの「基本性格」になります。しかし、1973年生まれなら、あなたは「イルカ」という隠しキャラも持っていることになります。つまり、イルカが「第二の自分」ということです。

この「第二の自分」というのは、ふだんは表面に顔を出しません。しかし、とっさの場合、たとえば重大な判断の分かれ目に立たされたときなどに、フッと姿を現すのです。

また、「第一の自分」の動物と、「第二の自分」の隠しキャラが同じになった人の場合は、その動物の性格がかなり強くなる傾向にあると判断できます。

あなたを秘かに守る守護神

守護神……それは、あなたの近くにいて、それとなくあなたの日常に気を配り、万が一、あなたに重大な問題が発生したときには、救いの手を差し伸べてくれる存在です。

たとえば、ヨーロッパでは、これに似た存在としてエンジェルが有名です。エンジェルは、神様と人間との間をとりもつものとされます。絵画や彫刻にみられるエンジェルの多くは、背中に白い翼を持っています。エンジェルは、この翼を使って、人間界と神様の間を渡り、神様の気持ちや意見を人間に告げたり、人間たちの願い事を神様に告げたりしているのです。いわばエンジェルは、神様と人間との間をつなぐメッセンジャーというわけです。

隠しキャラの背後には「二つの守護動物」が…

じつは、「第二の自分」を表す隠しキャラの動物たちにも、エンジェルのように陰で働きかけてくれている「守護動物」がいます。それは「ドラゴン」と「ユニコーン」です。

この二つの守護動物は、その人がピンチに陥ったとき、救いの手を差し伸べてくれる存在です。たとえば、恋のライバルが現れて、愛する人を奪われそうになったときや、仕事がうまくいかず悩んだとき、人生を決めるような試験に臨んだときなど、あなたの知らないうちに、強い力を貸してくれるというわけです。

天

ドラゴン

に守護される隠しキャラ

陽

陰
孔雀
イルカ
うさぎ
ヘビ
うし
ユニコーンに守護される隠しキャラ
地

あなたの守護神は「ドラゴン」なのか、「ユニコーン」なのか。それは25ページの「隠しキャラ早見表」でわかります。

隠しキャラが「ぞう」「ライオン」「いぬ」「猿」「ビーバー」の人の場合は、「ドラゴン」に守護されています。ドラゴンは〝天〟、つまり陽の代表だからです。

隠しキャラが「うさぎ」「へビ」「うし」「孔雀」「イルカ」の人の場合は、「ユニコーン」に護られています。ユニコーンは〝地〟、つまり陰の代表だからです。

ドラゴンとは、もちろん龍のことです。龍は想像上の動物で、インド神話では、へビを神格化した人面蛇身の半神とされています。『広辞苑』には「大海や地底に住し、雲雨を自在に支配する力を持つとされる」と書かれています。

ドラゴン伝承は古代より存在しています。「龍」と定義づけられているのは、いくつかの系統から発生したものとされていますが、その源は、古代インド、古代エジプト、バビロニアなど、さまざまな系統があります。

では、その具体的な姿はどうかといえば、中国の龍がその代表でしょう。中国では、龍は九種の動物の一部、つまり「らくだの頭、鹿の角、牛の耳、蛇の首、貝の腹、魚のウロコ、鷲の爪、鬼の目、虎の足」をとったものと考えられていました。

もう一方のユニコーンとは、インドにその源をなすヨーロッパの伝説上の動物で、一角獣のこと。西ヨーロッパの動物寓話では、「ウニコルニス」と呼ばれ、子山羊のように小さな動物で、きわめて敏捷、額の中央に一本の角があり、どんな狩人もつかまえられないとされています。

ユニコーンを追いかけることは、「到達不可能なものを追い求めること」とされ、また、純粋な人にしか気を許さないため、純潔の象徴とされています。

守護動物が貸してくれる力

では、ドラゴンやユニコーンは、どのような力を貸してくれるのでしょうか。

まずドラゴンですが、貸してくれるのは「飛躍力」と「爆発力」です。思いきり飛び上がったり、大きく力をためて爆発させる力を与えてくれます。

つまり、今までとは違った世界に飛び込むときに、力を貸してくれるということです。たとえば、転校・転職を考えているとき、高望みの目標に向かうとき、海外での活躍を考えているとき、まったく異質な世界へ入りたいときなどに、見守ってくれるでしょう。

次にユニコーンの場合は、「突進力」と「集中力」です。激しく突進するパワーと、一点に力を集めるパワーを与えてくれるのです。

つまり、どうしてもここ一番で、思いきり自分の力を発揮したいというときに、パワーを与えてくれるということです。たとえば、大事な試験のとき、思いきった告白や宣言をしたいとき、とっさのパワーが要求されるスポーツの試合、車やバイクの運転など集中力が要求されるときなどに力を貸してくれるでしょう。

あなたが困ったとき、トラブルが起きたとき、ドラゴンやユニコーンが、人知れずあなたの味方になって力を与えてくれるというわけです。

第3章

恋の相性診断

ぞうの人は…
あっさり型の恋愛

相手が♥なら…

♥ぞう

切磋琢磨しながら、お互いを高め合っていける相性です。誰もがうらやむ理想のカップルになろうとがんばるでしょう。でも、やりすぎはダメ。叱咤《しった》激励《げきれい》するばかりでは、あなたも相手も疲れてしまいます。あるがままの相手を認め、愛してあげるスタンスが恋の基本。上ばかり見ていると、落とし穴にはまる危険大です。

♥うさぎ

フレンドリー感覚の交際が似合う二人です。コミュニケーションもスムーズで、電話は頻繁。でも、あなたは相手のおだやかさ&やさしさに少々不満のよう。いっしょにいると心地いいのですが、なんとなく本音を隠しているような気がしてきて、裸の心をぶつけ合いたい欲求がムクムクと湧いてきそうです。

♥ライオン

情熱的で奔放な恋人に、あなたはメロメロ状態!? 相手の望むことならどんなことでもしてあげたい、と思い、せっせとつくしそう。でも相手のほうは、感謝の気持ちは薄め。あなたがやさしいのをいいことに、やりたい放題の傾向も…。ときにはビシッと言ってみるほうが、二人の将来のためでしょう。

♥ヘビ

相性抜群！　相手にとって、あなたはなくてはならない存在でしょう。生涯のパートナーになれる可能性も十分です。ただし、あなたのほうが相手のためにつくすというパターンになっているのは事実で、ときにはうんざりしてしまうことも。恋人であり、保護者でもいなければならない関係は疲れるものです。

♥いぬ

愛情の押し売りをしがちです。一方的に好きな気持ちを押しつけてしまい、相手が迷惑することがしばしばかも。しかもこのタイプの相手は、かなりの頑固者。なかなか思いどおりには動いてくれず、ケンカや言い争いが多くなりそう。ハッピーな関係をキープするには、相手の気持ちを解きほぐすテクが必要です。

♥うし

あなたが恋の主導権を握る相性です。恋の告白も電話をかけるのも、当然、あなたのほうから。デートコースも自分の好みで決めてしまうのが、二人がうまくやっていくコツでしょう。相手の出方を待っていてはダメ。あなたの強引さが魅力になる相性なので、相手をキリキリ舞いさせてしまいましょう。

♥猿

恋人にするには手のかかる相手かも⁉ 相手のプライドを傷つけるようなことをすると、即、恋がジ・エンドになる危険大です。身勝手な言い分に腹が立ったとしても、ガマンが肝心。怒るよりほめて、相手が軌道修正するように仕向けたいもの。相手の顔をつぶさない配慮をしてあげるのも愛情のうちです。

♥孔雀

つい相手を甘やかして、何でも言うことをきいてしまう組み合わせ。でも、二人の仲を長くハッピーな状態に保ちたいなら、何でもＹＥＳと言っているのは少々危険かも!?　いつも相手の言うままでは甘く見られて、あなたの魅力半減になりかねません。ＮＯと言いたいときは、断固ＮＯと言うべし！

♥ビーバー

相手の存在が刺激になってがんばれる相性です。尊敬から愛情に変わっていくパターンで恋が始まる確率が高め。相手は、あなたの先生であり、奉仕者であり、恋人であったりしそうです。やさしさに甘えて、つい気づかいを忘れてしまいそうですが、生涯のパートナーにふさわしい相手なので、大切にしてあげて。

♥イルカ

相性抜群。相手は、あなたの足りないところを補ってくれるかけがえのない人です。あ・うんの呼吸で気持ちが伝わるから、居心地のよさはピカイチでしょう。でも、相手にしてもらうばかりでは本当の意味でパートナーとはいえません。こちらからも、やさしさと思いやりのお返しをしてください。

うさぎの人は…
控えめな恋愛

相手が♥なら…

♥ぞう

価値観がピッタリ合い、話がはずむ組み合わせですが、相手の八方美人なところや、誰にもやさしいところに不満を抱きがち。自分だけのモノになってほしいと思っても、なかなかうまくいかないようです。相手の自由を尊重して手綱をゆるませておくほうが、ハッピーな恋愛関係をキープできるでしょう。

♥うさぎ

相手を気づかい合うため、やさしい関係が築けるでしょう。二人の友だちや家族と仲良くすることで、さらに親密な間柄になれるはず。ただ、お互いに言いたいことをはっきり言わないタイプなので、ギクシャクすると長引く傾向が心配です。溝を作らないためには、見て見ぬふりなどしてはいけません。

♥ライオン

よいパートナーシップが築ける相性です。相手につくすことで精神的満足感を得られる相性ともいえます。相手はわがまま放題やっているようで、じつは、あなたに依存し、甘えています。最後に帰ってくるのは、あなたのところというパターン。ムカッとくることがあっても、広い心で許してあげるように。

♥ヘビ

あなたのほうが一方的に相手につくすことになりそうです。ともすれば、相手に都合よく使われがちになるため、きちんとケジメをつけるようにしたいところ。もし、相手の態度に不審な点があるなら、徹底的に究明しましょう。曖昧なままにしておくクセをつけてしまっては、二人の将来にマイナスです。

♥いぬ

かなりタイプの異なる二人ですが、お互いの違いが魅力に感じられます。つまり、自分にないものを相手に見出し、心がひかれるわけ。ただし、つき合いが長くなるにつれて、求めるモノの違いや価値観の違いに悩むことが起こりがち。とくに、相手の頑固さにはけっこう手を焼かされそうです。

♥うし

あなたが恋の主導権を握る組み合わせです。相手はあなたの望むことならすべてかなえようと一生懸命。いわば、忠実な〝しもべ〟というところです。でも、そのことが恋心の冷める原因になる可能性もなきにしもあらず。イマイチ刺激のない相手に、あなたのほうがあきてしまうかもしれません。

♥猿

相手の存在感に押されがちです。社交的で人あしらいの上手なあなたも、この相手の前に出ると、緊張してうまくしゃべれなくなるほど。ずっとドキドキしていられ、退屈とは無縁の相性ですが、相手をあなた一人のモノにするのはかなりたいへんです。迫力負けしないように、堂々とふるまうことです。

♥孔雀

とらえどころのない相手に、きりきり舞いさせられそうな組み合わせです。プライドが高く、きついジョークを口にされて、心を傷つけられることもしばしば。でも、そんなことでメゲていては明るい未来はありません。この恋を成功させて恋人同士でいたいなら、あなたがタフになるしかないのです。

♥ビーバー

いっしょにいるとホッとでき、甘えられる相性です。相手は、あなたの長所も短所も理解し、温かく包み込んでくれます。この人の前でなら、安心して心の中をさらけだすことができるはず。困っているときには、具体的なヘルプをしてくれたり、精神的なバックボーンになってくれるでしょう。

♥イルカ

エロティックな匂いのただよう相性です。相手の繰り出すあの手この手にウットリしてしまいそう。かゆいところに手が届くような心くばりに、あなたはすっかり満足状態です。でも、なぜか二人の将来をまじめに考える方向にいかない組み合わせのようで、生涯のパートナーになる確率は低めかも。

ライオンの人は…

短期燃焼の恋愛

相手が♥なら…

♥ぞう

愛される喜びを堪能できる組み合わせです。あなたはすべてを求め、相手はそれに応えてくれるでしょう。ただ、愛されることに慣れてしまって、愛することを忘れてしまう一面があるのが気がかり。相手を思いやり、いたわる気持ちを持ちましょう。「愛されているから」とわがままのやり放題はダメです。

♥うさぎ

相性抜群。熱烈な恋人同士になれる組み合わせです。この二人なら、とびっきりスイートな恋の時間を味わえるでしょう。しかもこの相手は、あなたの足りないところをカバーしてくれるし、役立つアドバイスもしてくれる得がたい存在になる可能性大。生涯のパートナーとしての資格は十分でしょう。

♥ライオン

情熱の炎がメラメラと燃える相性ですが、持続力に欠けがちな面が弱いところ。ようするに、熱しやすく冷めやすい組み合わせで、一度のケンカであっけなくジ・エンドを迎えてしまう危険もなきにしもあらず。相手との幸せな将来を願うなら、少しはガマンすることを覚えるべきでしょう。

♥ヘビ

相手の欠点が鼻につきやすいカップルかも!? ストレートにものを言うあなたに対して、相手はどこか奥歯にモノがはさまったような態度。あなたはイライラするし、相手はあなたをわがままと思うでしょう。相手の言おうとしていることを、それとなく察する能力を磨く必要がありそうです。

♥いぬ

あなたは情熱のすべてを注ぎ込もうとするでしょうが、相手のほうはけっこうクール。ちょっと悔しいけれど、そこがまた魅力的なのだからしかたありません。相手はロマンティックな愛の言葉もなかなか口にしないようですが、そのぶん、あなたがたっぷりと愛情表現をしてバランスをとることになりそうです。

♥うし

何を考えているのかわからない相手に対し、いらだちを感じることもあるけれど、トータルではベリーグッド。いっしょにいると、くつろげるからです。相手が何をしてくれるわけでもないのに、不思議に安心感を得られるのです。相手も、あなたと過ごす静かなひとときを大切に思っているようです。

♥猿

自己顕示欲が強い二人なので、ケンカが絶えないかも!? 相手を責める前に自分の行動を反省したいものです。しかも、「自分が悪かった」と思っても素直に謝ることができないので、結局はあっけなく関係が終わってしまう心配があります。恋人同士でいたいなら、つまらない意地を捨てるべきです。

♥孔雀

精一杯強がっている相手を、つい、からかいたくなってしまうあなた。お互いに心ひかれるのは確かなのに、恋人同士としてはやや安定感に欠ける相性です。ほんものの恋人になりたいのなら、やさしい気持ちを示すこと。好きだからいじわるするなんて、子供っぽいやり方です。大人になりましょう。

♥ビーバー

波風が立ちやすい二人です。好きな気持ちは人一倍あるにもかかわらず、相手のもらしたひと言にカチンときて、売り言葉に買い言葉的な言い争いをしてしまいがち。冷静になって将来を話し合う必要がありそうです。まわりに恋の協力者を探すのも、良好な間柄を保つコツでしょう。

♥イルカ

神秘的な雰囲気のただよう相手に魅せられますが、相手の心をつかみきれなくて、不安いっぱいです。なんでも白黒つけたがるあなたならではの悩みですが、この組み合わせの場合は、曖昧な状態のままでいくほかはなさそうです。力ずくで結論を出そうとすると、大切なものを失う危険が高まります。

ヘビの人は…運命的な恋愛

相手が♥なら…

♥ぞう

相手はあなたの恋心をかき立ててくれる理想の恋人！　おしゃれでスマートなところが魅力的です。二人きりのデートも素敵ですが、友だちといっしょのグループデートを重ねることで、さらに関係が強まる傾向があります。仲間と旅行するのもおすすめです。観客がいるほうが恋が盛り上がるタイプなのかもしれません。

♥うさぎ

いっしょにいるとリラックスできる組み合わせです。気の置けない友だち同士だったはずが、いつのまにか恋愛ムードになっていく……というパターンの可能性大です。ただ、どことなく恋する確信が持てず、相手を大切にしようとする気持ちが希薄なところが気がかり。失ってから重要さに気づいても遅いのです。

♥ライオン

恋する気持ちの一方で、この相手とはやっていけないと感じることもしばしばありそう。矛盾した気持ちが錯綜する組み合わせで、やはり恋の相性としては不安定。アタックが成功したとたん、恋心が冷めてしまうことも。本気でいい関係を保ちたいなら、相手を許し、一歩譲ることが必要でしょう。

♥ヘビ

価値観の似ている二人なので、無理なくつき合っていけます。意外性やアッと驚くような発見は少ないものの、お互いを励まし合って、すばらしいパートナーシップを築けるでしょう。でも、別の刺激的な異性が出現すると、あっさり別れて、そっちに乗り換えてしまう可能性があるかもしれません。

♥いぬ

見かけ以上にプライドの高いあなたですが、この相手に対しては、つまらない虚栄心を捨て去り、恋心をストレートにぶつけられます。心の奥底に秘めていた情熱が一気にあふれ出すような勢いがあり、ロマンティックな時間を過ごせるでしょう。気がつくと、将来を誓い合う仲になっている可能性も十分！

♥うし

お互いに恋する気持ちがあっても、はっきり口に出して言わないため、不安な時間を過ごしがちな組み合わせです。最終的には、あなたのほうから告白するのがベターですが、それでも相手は煮え切らない態度かも⁉ 既成事実を作り、公認カップルになってしまうのがもっとも正しい恋の成就方法でしょう。

♥猿

恋の始まりはハッピーですが、つき合いが深まるにつれて、どちらからともなく興味が薄れていく相性のようです。探せば共通の関心事や話題もあるはずですが、どちらもあまり努力をしないようで、自然消滅する気配が濃厚。どうしても恋人同士でいたいなら、とにかくマメに連絡して、頻繁に会うことです。

♥孔雀

恋の駆け引きを楽しむにはまずまずですが、将来まで含めた真剣な恋愛となると、疑問の残る相性です。新鮮な気分が続くうちはいいけれど、時間がたつと相手の魅力が急速にダウン。でも、別れを切り出すのは慎重に。残酷なやり方をすると逆恨みされ、ストーカーまがいの行動をとらせてしまう危険があるかも。

♥ビーバー

なんとなく波長が合う二人なので、映画やショッピング、食事などをするには楽しい組み合わせでしょう。でも、恋愛対象となると、ちょっと話は別。友だち同士のときにはおもしろかった互いの違いが、埋められない距離感のように感じられます。友だちプラスαの存在にしておくほうがベターでしょう。

♥イルカ

誤解と思い違いが起きやすい組み合わせのようです。相手のやさしさを恋と勘違いして、胸をドキドキさせたあげく、がっかりしてしまうこともありそう。このタイプの相手は、あなたにとって危険な存在⁉　最初から用心しておくほうが、傷つけられる危険が減るでしょう。君子危うきに近寄らず、というわけです。

いぬの人は…フレンドリーな恋愛

相手が♥なら…

♥ぞう

あなたらしさを発揮しにくい相性かも⁉ 相手に合わせようとして、ふだんのあなたとは別人を演じてしまいそうです。恋の初めはそれでもうまくいきますが、つき合ううちに疲れてしまいます。この組合せの場合、心をオープンにして、あるがままの自分でいられるかどうかが、恋の分かれ目です。

♥うさぎ

相手の要求に応えるのがたいへんでもあり、喜びでもある組み合わせです。相手にふさわしい自分になろうとしてがんばるあなたは、とてもチャーミング。恋によって磨かれるとは、まさにこのことでしょう。でも、甘えたいときも甘えさせてくれない相手に不満が募ります。あなたは、もっといっしょにいたいのに。

♥ライオン

充実した時間を過ごせる相性ですが、相手のド迫力にタジタジとなることも。基本的にまじめで、時間をかけてじっくりつき合いを深めていきたいあなたにとっては、先を急ぎすぎる相手に不安を感じることもあるでしょう。二人のテンポのズレが、恋の進展を妨げそうなところが気がかりといえます。

♥ヘビ

ベストパートナーになれる相性です。相手が内に秘めた情熱を表に出せるのは、あなたの前以外にありません。華々しい雰囲気には欠けがちですが、お互いを励まし、支え合える組み合わせ。相手がさりげなく示す心くばりもうれしいものです。家族や友だちに会わせると、すぐに婚約話に発展するかも！

いぬ

相性はまずまずですが、パワーがイマイチ。お互い慎重に進むタイプのため、ぐずぐずしているうちに恋のチャンスを逃がしてしまう心配があります。この組み合わせの場合、友だちにヘルプを頼んで、恋のキューピッド役をしてもらうといいでしょう。応援してくれる友だちを探してください。

うし

なんとなく好意を感じても、その次の段階にステップアップするのがむずかしい組み合わせのようです。お互いに頑固なところがあり、意地を張って、アプローチのチャンスを逃がしてしまう傾向があります。恋愛関係に進みたいなら、待っていてはダメ。あなたから積極的にアタックしましょう。

猿

恋をすると一途になるあなたですが、この相手に対しては、一途《いちず》すぎるのは考えものです。相手だけしか見えなくなってしまうと、思いがけない落とし穴にハマる危険が生まれそうです。ライバルの動向など、目をパッチリ開けて、周囲の状況チェックを欠かさないのが幸せへの重要ポイントです。

♥孔雀

相性抜群。相手の喜ぶ顔を見るだけでハッピーな気持ちになれるあなたです。気まぐれで、見栄っ張りなところのある相手ですが、あなたの前ではナチュラルそのもの。あなたの誠実な愛情を肌で感じとり、リラックスできるようです。一日中部屋でボ～ッと過ごすデートでも、この二人なら大歓迎でしょう。

♥ビーバー

価値観の違いが目立つ相性です。相手のロマンティックな一面が、あなたの目には子どもっぽく映ってしまい、反対に、あなたのまじめさが、相手には物足りなく思えてしまったりしそうです。ハッピーな恋人状態を続けるには、本気で相手の価値観を理解しようと努力し、歩み寄る必要があるでしょう。

♥イルカ

自分にないものを求める二人です。パッと見は水と油のようでも、意外に気の合う組み合わせで、恋愛相性はかなりグッド。ただし、それには相手を思いやることが不可欠です。自分を強そうに見せていても、実際はかなりナイーブな相手ですから、ケンカの真っ最中でも、発言には注意してください。

うしの人は…正直で素朴な恋愛

相手が♥なら…

♥ぞう

クルクルと変わる相手の態度に翻弄《ほんろう》されるまじめなあなた。相手の心の動きが読めず、右往左往するシーンがたびたびでしょう。でも、だからこそ、恋心が燃え上がるのも事実で、退屈とは無縁の相性です。相手を自分だけのモノにするという安心感は得られませんが、いつまでもドキドキしていられます。

♥うさぎ

恋人にするには、かなり手ごわい相手です。相手はなかなか本音をさらけださず、あなたを混乱させるのを楽しんでいる気配さえチラホラ。ステディーな関係になったとしても、心配のタネはつきないでしょう。ハッピーな関係をキープするには、相手の言葉や行動に一喜一憂せず、共通点を増やすのがベスト。

♥ライオン

相手は、あなたを叱咤激励《しったげきれい》して、引っぱっていってくれる理想の恋人になります。ズバリ、喜びは二倍に、悲しみは半分にできる組み合わせです。あなたを勇気づけ、自信を持たせてくれるでしょう。あなたのほうも相手の心のオアシスになれるはずです。豊かな包容力でやさしく包んであげてください。

♥ヘビ

どちらも心の中に感情を閉じ込めがちなタイプなので、恋の進展速度はスロー型。でも、相手が心に秘めた情熱はかなりのものです。二人の間の壁が取り払われたとき、あなたにとって、誰よりも力強い味方になってくれるはず。あなたのためなら、どんなことでもしてくれる人でしょう。

♥いぬ

時間をかけて強い絆で結ばれていくカップルです。外見はどうであれ、本来は超まじめな二人なので、いったんステディーな間柄になれば長く交際が続きます。ただし、この組み合わせにとって浮気は命取り。「出来心なのでごめんなさい」では、すまなくなりそうです。軽はずみな行動は厳禁です。

♥うし

慎重すぎるため、お互いに恋心を感じていても、すれ違ってしまう心配あり。恋人にはなりにくい相性かもしれません。相手のアクションを待っていてはラチがあきません。勇気を出して、自分から相手の懐に飛び込みましょう。心の中の恋の情熱をストレートにぶつけてみてください。

♥猿

あなたの包容力で相手をフォローする組み合わせです。一見、強気で自信にあふれている相手ですが、実際はさびしがり屋で、孤独に弱い面もあります。どんなときも自分を見つめ、励ましてくれる恋人を必要としているなら、あなたのような人がぴったりでしょう。生涯を共にするパートナーになる確率も高めです。

♥孔雀

警戒心の強さが災いしそうです。好意を感じても、ワザと冷たくしてしまい、恋のチャンスをつぶしてしまう心配があります。相手にいいように利用されても、「好きだから本望」というくらいの気持ちでアプローチしたいところ。傷つくのを恐れていては、恋は無理。利用される・されないなど、つまらない論理です。

♥ビーバー

相手の知的な雰囲気に魅力を感じる組み合わせです。いっしょにいると自分が野《や》暮《ぼ》ったく思えて、アプローチするのに腰が引けそうですが、そんな心配はノー。自分にないものを求めるのが、恋の基本セオリーです。もし野暮ったいと感じるなら、それを素朴さと言い換えて、恋の武器にしましょう！

♥イルカ

ロマンティックなムードを求める相手と、現実的なあなたの組み合わせ。恋に求めるものが異なるため、何かとモメることが多くなりそうです。あなたにとっては普通のことが、相手の心を傷つけたりもしそう。恋人同士でいたいなら、相手の夢や理想につき合う心くばりを見せるべきでしょう。

猿の人は…決断型の恋愛

相手が♥なら…

♥ぞう

お互いのマイナス面がぶつかりやすい傾向があります。恋にジェラシーはつきものですが、独占欲はホドホドにしたいもの。相手の行動を細かくチェックしたり、交友関係に口をはさむなど、相手を束縛しようとすると、恋の破局はすぐにやってきます。要求するばかりでは恋は続かない、と心すべきです。

♥うさぎ

好き嫌いの激しいあなたに、上手に合わせてくれる相手です。つまり、あなたが恋のリーダーシップをとれば、うまくいく組み合わせ。相手は優柔不断な面があるので、恋の主導権を渡してしまうのは考えものです。あなたのやり方に慣れてもらうのが、末永くハッピーでいられる秘訣でしょう。

♥ライオン

どちらも自己主張が強く、負けず嫌いなところがあるため、すんなりとはいかない二人です。相手が自分を大切に思ってくれていることがわかっているときでさえ、衝突が絶えません。まして、ギクシャクしているときなら、さらに激しくぶつかり合うことになりそうです。ハッピーにはなれない相性なのかも。

♥ヘビ

見栄を張りやすく、わかりあうのがむずかしい二人です。好きな人の前でいいカッコしたい気持ちがあるのはわかりますが、この組み合わせの場合、そんな見栄のために、めぐってきたチャンスを棒に振ってしまう危険があります。どんなときも自分の心に正直にふるまうようにしたいものです。

♥いぬ

相手のまじめさが好ましく思える相性ですが、どちらもきまじめに考えすぎるところが恋の障害になりそう。すでにどちらかに恋人がいるとなると、涙を飲んで引き退がってしまうタイプです。恋は戦って奪う場合もあるのだから、戦う前から白旗を上げるのはナンセンス。傷つけ合うことを恐れないで。

♥うし

ベストパートナーになれる二人です。強気にふるまっていても、実際は寂しがり屋のあなたと、おだやかだけどしっかり者の相手との組み合わせは、このうえなくぴったりです。あなたのほうが短気を起こしても、相手側が粘るおかげで、ケンカをしても簡単にはジ・エンドにはなりません。

♥猿

二人とも好き嫌いが激しく、第一印象を重視するタイプなので、やはり最初が肝心でしょう。ピンとひらめいたら恋に向かって一直線ですが、そうでないときは、ほぼ可能性なし。そのうえケンカをした場合、関係修復の努力をしないところが共通してあります。結局、恋を長続きさせるのはむずかしい⁉

♥孔雀

お互いのイヤな一面が目につきやすいようです。恋を始めるには一種の幻想のようなものが不可欠ですが、この組み合わせは、最初からクリアに現実が見えてしまうため、恋の進展が妨げられてしまうのです。親密な間柄になりたいのなら、まずは友だちからスタートしてチャンスを待つのがベストでしょう。

♥ビーバー

一方的に相手に愛情を捧げる傾向がありますが、好き嫌いが激しく、簡単には心を開かないあなたが、捨て身でアタックする気になるだけでもすばらしいことです。この組み合わせは心のタイミングが合わず、ハッピーな結末には至らないようですが、恋の喜びと悲しみはたっぷり味わえるでしょう。

♥イルカ

相性抜群。やさしい気持ちで結ばれるカップルです。情熱が高まるだけでなく、相手の夢や目的達成の応援もできる組み合わせです。二人で将来の話をすると、胸がわくわくしてくるでしょう。多少ピリピリしたところのあるあなたには、この相手といっしょにいることで、癒され、リラックスできる効用もあります。

孔雀の人は…クールな恋愛

相手が♥なら…

♥ぞう

あなたの魅力で相手をふりむかせることはできるのですが、そのあと、恋を育てるのがむずかしい相性のようです。お互いに自分のことに夢中で、相手に合わせる気持ちに欠けがちなのが残念な点です。本気でラブリーな関係を築きたいなら、自分の都合は後回しにしても、相手のペースに合わせてください。

♥うさぎ

気になる存在ではあるけれど、ステディーな関係には発展しにくい相性のようです。あなたのほうが一目惚れしたあげく、あっさり相手をふってしまうというケースも起こります。また、遠距離恋愛になるなど、現実的な障害が発生する確率も高めです。いずれにしても、後悔することのないように行動してください。

♥ライオン

好きな気持ちは高まるのですが、どう表現したらいいのか悩んで立ち止まってしまうのが心配なパターン。相手の気持ちもまんざらではなさそうで、キッカケさえつかめれば熱烈な恋人同士になれるはずなのに。でも、そのキッカケに恵まれにくいのが残念。まわりに頼んでチャンスを作ってもらうのも手です。

♥ヘビ

すっかり相手に魅了されるようですが、すんなりカップルになれないのがツライところ。また、ハッピーに恋がスタートしてもアクシデントにあいやすく、恋の修羅場を演じる確率が高めです。ジェラシーを抑えることができるかどうかが、吉凶を分ける鍵となるので、冷静にふるまうように注意してください。

いぬ

息もぴったり。甘〜い恋を堪能できる相性です。たとえクールにふるまっていたとしても、相手はあなたのことがかなり気になっているはず。こちらが、少しだけスキを見せれば、積極的に動いてくるにちがいありません。相手が近づきやすい雰囲気を作ることが、何よりもポイントでしょう。

うし

ロマンティックな雰囲気がただよう相性ですが、どちらも積極的に動き出さないため、二人そろって片思い状態のようです。待っていてもラチがあかないなら、こちらから勇気を出してアプローチするしかありません。ただ、先々ずっとこちらが引っぱっていかなければならない感じで、少々面倒な気がするのも事実。

猿

趣味や好みが合い、一見、親しくなる要素の多い組み合わせですが、かえって反発を感じてしまうようです。相手と張り合ったり、ライバル意識を持ってしまうなど、あまりロマンティックとはいえない相性。どうしても恋愛関係をキープしたいなら、相手と同じ趣味でがんばるのは避けたほうがいいでしょう。

♥孔雀

やさしい気持ちが通じ合う組み合わせです。コミュニケーションもスムーズなので、誤解や行き違いが起きる心配もあまりありません。ただ、友だちムードが強く、恋愛の相性としてはいま一つパワー不足のよう。危機に立たされた場合、あっさり別れてしまう可能性があります。粘り強くなりたいものです。

♥ビーバー

明るい笑い声が聞こえてきそうな相性です。このカップルはいつもにぎやかで、楽しそう。デートは盛り上がるし、おしゃべりも弾むでしょう。相手を楽しませようとするあなたの努力とサービス精神はさすがです。でも、ときには頼ったりグチをこぼしてみると、二人の関係を強めるのに役立つはずです。

♥イルカ

恋する気持ちを隠そうとしがちなのが気になります。弱みを見せたくない気持ちはわからないでもありませんけれど、恋していることを悟られ、相手があなたを特別な目で見はじめることは悪いことではないはず。「自分が下手に出るのはイヤ」なんて、子供っぽい意地をはるのはマイナスです。

ビーバーの人は…

自由奔放な恋愛

相手が♥なら…

♥ぞう

あなたのバラエティーに富んだ社交術で、相手のハートを引きつけるようになるでしょう。相手は好奇心旺盛で、趣味も多そうなので、話題に困ることはないはず。ただ、つき合いが深まるにつれて、何かとぶつかりやすいのも事実です。相手に花を持たせる配慮をすれば、ケンカは防げるはずです。

♥うさぎ

ロマンティックな恋人同士になれるカップルです。頭の回転が速く、細かいところにまで配慮できる相手は、あなたの理想的なパートナーでしょう。家族や友だち、同僚など、周囲の評価も上々。まわりからけしかけられて、婚約・結婚へと進むカップルもいそうです。きっと早く結婚できるでしょう。

♥ライオン

あなたが相手の心を傷つけてしまう心配があります。気づかっているつもりが、恥をかかせてしまう結果になるなど、親切が裏目に出ることがしばしば。自分勝手な思いこみで行動するのはやめましょう。コミュニケーションをまめにとり、少しでも相手に対する理解を深める努力をしたいものです。

♥ヘビ

あなたの突き放すようなクールな態度が、相手の心を刺激するようです。「恋は駆け引き」といいますが、押してばかりいては相手にうんざりされるだけ。ときには引くことも、恋愛関係をキープするためには有効です。でも、あまりたびたびテクニックを使うのは失敗のもと。ダメージを与えすぎないように気をつけましょう。

いぬ

甘やかすのは禁物です。そうでなくても、勝手なふるまいをしがちな相手なので、ときには毅然《きぜん》とした態度で臨《のぞ》むことが必要です。いくら好きな人でも、悪いことは悪いとはっきり言うべき。そんなあなたのふるまいが、相手の目に新鮮な魅力として映るはずです。勇気を出してください。

うし

あなたの魅力が通じにくい組み合わせのようです。あなたが涙を流して感動することに対しても、相手はまるで関心がない様子……。価値観や好みの差がはっきりあらわれる相性といえます。この相手と長くつき合っていくのは、かなりたいへんなこと。本当はどうしたいのか、よく考える必要がありそうです。

猿

とってもスィートな相性です。相手はあなたを猫かわいがりしそうです。あなたのすることならすべてOK。あなたの欲しがっているものは何でもプレゼントしてあげたいと思っているのです。あなたにすれば何も言うことはないのですが、あまりこちらの言うままというのも面白味に欠ける、というところでしょうか。

♥孔雀

ズバリ、愛情いっぱいでハッピーな組み合わせです。二人の間をジャマするものは何もなし。まわりも好意的に見守ってくれて、誰もがうらやむ公認カップルになれます。相手が張り切りすぎて結婚話を持ち出してくるのを、あなたがしばらく待とうと説得しなければならないほどでしょう。

♥ビーバー

お互いのことをよくわかり合えるので、心配の少ない組み合わせです。でも、わかりすぎるために、恋の情熱ダウンの傾向もあります。多少はミステリアスな部分を残しておくほうがいいのかもしれません。マンネリにならないためにも、常に自分をリフレッシュさせておくことが必要です。

♥イルカ

お互いに気をつかいすぎるところがあり、少々疲れを感じるかも⁉　気をつかったりつかわれたりするのは、あまりうれしいことではありません。好きな相手の前でこそ、無防備にふくれっつらをしたり、カンシャクを起こしたいのが人の心というもの。びくびくするのはやめて、自然体でいきましょう。

イルカの人は…
多角形の恋愛

相手が♥なら…
♥ぞう

あなたのやさしさと思いやりで相手を包み込む相性です。好奇心が強く、どこへ飛んで行ってしまうかわからない相手を、不機嫌にならず待ってあげられるのは、あなたの得意技でしょう。絆は強く、生涯を共にするパートナーにもなれる組み合わせです。ただ、ちょっと甘やかしすぎるところが弱点ですが。

♥うさぎ

あなたの愛情は海のように深いのですが、それをいいことに、相手がわがままにふるまいやすいところが気がかり。調子に乗せてしまうと、ふたりの恋の行方にも悪い影響が出てくるし、相手を甘ったれにしてしまう危険もあります。恋人である以前に、人づき合いのマナーをきちんと守らせるようにしましょう。

♥ライオン

サービス精神豊かで面倒見のいいあなたと、エネルギッシュで活力あふれる相手との組み合わせ。相性はまずまずなのに、実際はあまり深い間柄になっていかないことが多いようです。お互いを結びつける情熱のパワーが弱いのかもしれません。恋人同士でいたいなら、いっしょに過ごす時間を多くすることです。

♥ヘビ

ピントのずれた相性のようで、相手に恋心を抱いたとしても、発展性はイマイチ。アタックしているうちは楽しいのですが、手に入ってしまうと急に熱が冷めてしまう傾向があります。相手といっしょにいても、だんだん退屈になってきそうです。軽々しく深い関係にならないほうが無難かもしれません。

♥いぬ

あなたにとって、憧れのような気持ちを抱く相手です。冷たくされるほど、恋する情熱が高まっていき、なかなか手に入らないからこそ、より欲しくなるといったパターン。実際、親密な間柄になってみると、相手のオーラは少しかげりそうですが、あなたをリードしてくれることは確かでしょう。

♥うし

恋する気持ちは高まるのに、現実にアクションを起こすパワーは低レベルで、恋の相性としてはパッとしません。二人の関係を妨害する事情も発生しやすく、恋が成就する前からあきらめムードがただよったりします。恋を実らせたいなら、まずプラスイメージを頭に描くことから始めましょう。

♥猿

あなたのほうが強く求められます。ズバリ、相手から愛され、つくされる相性で、ハッピーな状態を長くキープできるでしょう。相手があなたのテリトリーに踏み込みすぎる部分もありますが、笑顔で許せてしまうのは、愛されていることが実感できるから。生涯のパートナーとしても合格です。

♥孔雀

すんなりと相手の気持ちが伝わる相性ですが、ときどきわずらわしくなることもあります。相手から深く愛されれば逃げたくなるし、放っておかれると追いかけたくなる、という少し複雑な心境。あなた自身の気持ちを整理し、二人の関係をどうしたいのか、よく考えてみることが必要でしょう。

♥ビーバー

二人で話すと、単純な話が複雑になってしまうような組み合わせ。相性はイマイチです。相手に好意を持っているにもかかわらず、コミュニケーションがとりにくいのは、いいところを見せようとがんばりすぎるせい。もっとシンプルでストレートな態度で接しないと、相手の恋心もしぼんでしまいます。

♥イルカ

サービス精神にあふれた二人なので、悪いはずはないのですが、恋の相手としては、あまりにもすんなりとつき合えてしまうところが弱点になります。相手の心をこちらに引きつけておくには、アッと驚かせるなど、ときには意外性を示すことも大切。お互いに慣れすぎないように注意を払いましょう。

第4章

学校・職場での人間関係

ぞう

王様型の人間関係

相手がぞう　お互い自己主張が強いタイプですが、歯車が嚙み合ったときは良き相棒になれます。相手に負けまいと思う気持ちが、励みになるはず。ただし、ケンカすると大騒ぎになりやすい一面も。

相手がうさぎ　あなたのほうが相手を引っぱっていく相性です。相手は見かけによらず優柔不断なところがあり、あなたが物ごとをテキパキ決めていくほうが、スムーズにコトが進展していくはずです。

相手がライオン　あなたが一生懸命がんばった成果を、相手に横取りされる心配がなきにしもあらず。このタイプの相手に何でもベラベラしゃべってしまうのは危険かも!?　弱みを握られないよう用心して。

相手がヘビ　チームワークばっちりの相性です。この組み合わせなら、不可能も可能にしてしまえるほど!!　ただし、どんなときも相手のプライドを傷つけない配慮をすることが大切になるでしょう。

相手がいぬ　ノリの悪い組み合わせのようです。相手はあなたのテンポについてこれないかも⁉　とくに、相手が後輩の場合は、あなたのほうが広い心を持って、待ってあげる姿勢が必要でしょう。

相手がうし　タイプがまったく異なる二人ですが、無理せずマイペースでつき合っていける相性です。あなたがニガテなことや、見落としがちなところを、カバーしてくれる存在でもあります。

相手が猿　なんとなく苦手意識を持ってしまいそうな組み合わせです。相手の親切が、じつは、迷惑というケースも起きがち。イヤなことははっきりNOと言うほうが、結局はお互いのためになるのです。

相手が孔雀　つかず離れずの関係がベターかも⁉　甘い顔を見せると、面倒な仕事を押しつけられたりしそう。とくに相手が目上の場合、公私の区別をきちんとつけるような態度で接するほうが無難です。

相手がビーバー　相手の鋭いツッコミにタジタジになりそうですが、よく聞いてみれば、あなたにプラスになる意見も。反発したくなる気持ちを抑え、いいところは取り入れるようにしましょう。

相手がイルカ　相手は、親身になってあなたを心配してくれる人です。胸をグサッと突き刺す言葉を口にすることもあるけれど、すべてあなたのためを思ってのこと。耳の痛い話も素直に聞きましょう。

うさぎ

世話好きの人間関係

相手がぞう　まずまずうまくやっていける相性ですが、相手のワガママにカチンとくることがたびたびありそう。相手の勝手なふるまいを黙って見過ごしてはダメ。とくに後輩の場合、キツイお灸も必要です。

相手がうさぎ　いっしょにいると居心地のいい相性です。さりげないフォローをし合うから、モメることもほぼありません。ただ、お互いが譲り合って、簡単なことも手間取る傾向があるのは否めません。

相手がライオン　協力して目的を達成しようとするには最適な組み合わせ。コミュニケーションもスムーズです。とくに相手が上司や先輩なら、あなたの隠れた能力を引き出してくれる貴重な存在となります。

相手がヘビ　まずまずの相性ですが、イザというときには頼れそうもない相手かも!?　ついかっこつけてしまい、腹を割った話し合いがしにくいようです。オープンマインドを心がけてください。

相手がいぬ　タイプの違う相手をどうあつかっていいか困惑しそうです。よかれと思ってしたことが裏目に出てしまい、相手の恨みを買ってしまうケースも。おせっかいをしないほうが無難でしょう。

相手がうし　なじみにくい相性かも!?　見えない壁のようなモノを感じ、相手のことがつかみきれません。とくに年下の場合、相手を宇宙人のように感じてしまうことも。行き違いが起きないよう注意して。

相手が猿　相手の見栄や気まぐれにふりまわされそうです。このタイプの相手の話は多少割り引いて聞いておくのが無難かもしれません。相手が自慢話を始めたら、さっさと逃げ出すのが賢いつき合い方。

相手が孔雀　コミュニケーションがとりにくい相性かも!?　相手の言葉の真意がつかめず、どうしていいかわからなくなってしまうことも。理解できないときは何度でも質問するようにしたいものです。

相手がビーバー　お互いの長所を引き出すことができるベリーグッドな組み合わせです。相手はあなたの役立つサポーターになってくれるはず。困ったときに相談するとピンチ脱出のカギが得られることも！

相手がイルカ　親しくなるキッカケが見つかりにくいようです。このタイプの相手に対しては、こちらから積極的にかかわるようにするのがグッド。ならば、あなたの知恵袋になってくれる可能性大です。

ライオン

一点集中の人間関係

相手がぞう　相手はあなたに弱いようです。あなたが頭を下げれば、大抵のことならやってくれるでしょう。でも、職権濫用はダメ。あまり便利に相手を使っていると、肝心なときに反乱を起こされるかも!?

相手がうさぎ　ズバリ、相手はあなたのラッキーパーソン。いっしょにいるとお得なことが多い組み合わせです。相手との何げない会話からグッドアイデアがひらめくこともしばしばありそうです。

相手がライオン　意見や方針が一致したときは最強の味方になってくれますが、敵に回すと恐ろしい相手であることも確かでしょう。とくに、人前で相手の顔に泥を塗るようなマネをするのは厳禁です。

相手がヘビ　協力しにくい組み合わせです。うわべは良好な関係のように見えても、心の中ではお互い対抗意識がメラメラ燃えていそう。このタイプの相手に弱みを見せるのは絶対にいけません。

相手がいぬ　相手のペースにすっかりはまってしまいそうです。そのこと自体悪いことではないけれど、自己主張すべきときにできなくなりそうなのが心配。必要なときには断固NOと言うべきです。

相手がうし　いっしょにいて疲れない組み合わせです。つまらない見栄をはったり、対抗意識を燃やす必要がないので、本音でつき合うことができるはず。悩みを打ち明け、助言を求めるのもOK。

相手が猿　あなたのパワーで相手を圧倒してしまいそうです。相手はあなたに対して言いたいことも言えなくなってしまうよう。とくに後輩の場合、意識してやさしく接するようにしたいものです。

相手が孔雀　あなたが自分の意見をはっきり言うほうがうまくいく組み合わせです。妙な遠慮は百害あって一利なし。たとえ相手が先輩や上司でも、とりあえずストレートにぶつかっていきましょう。

相手がビーバー　根っこの部分で反発を感じてしまうようです。相手の変わり身の早さに不信感を抱いてしまうことも。あまり近づきすぎないようにするほうがお互いのため。それなりのつき合い方をして。

相手がイルカ　どういうわけか相手に頭が上がらない組み合わせのようです。なんとなく苦手意識を持ってしまい、何でもYESと言ってしまいがち。相手に合わせるのは、ほどほどにすべきです。

ヘビ

自尊心中心の人間関係

相手がぞう　いっしょにいると元気になれる組み合わせです。相手の励ましで、あきらめかけていたことに対しても、もう一度がんばろうという気になったりしそう。ずっと大切にしたい相手です。

相手がうさぎ　相手の持っている情報やネットワークが、あなたの役に立ってくれそう。この相手をとおして、あなたの人づき合いの輪が広がる可能性大。感謝の気持ちを伝え、きずなを強めてください。

相手がライオン　あなたが相手を立てればうまくいく組み合わせですが、それがなかなかむずかしいところ。ついつい相手と張り合ってしまいがちで、つまらないケンカをすることもあるようです。

相手がヘビ　表向きは良好な関係をキープしているようでも、常に相手に対する警戒を怠らない組み合わせ、といえます。イザというときにはあまりアテにならないかも!?　つかず離れずがベスト。

相手がいぬ　ズバリ、頼りがいのある相手です。困ったときにまっ先に頭に浮かぶのがこの相手、ともいえそう。自分の弱さを見せるのを嫌うあなたですが、この相手の前なら正直になれるようです。

相手がうし　相手のことが気になってならない組み合わせです。何をするにも、この相手にどう評価されるかが気がかりのよう。相手にほめられるためなら、やりたくないことまでがんばってしまう傾向も。

相手が猿　噛み合いにくい相性です。あなたが相手に求めていることと、相手があなたに求めていることはかなり違っているようです。あるていどの距離を置いてつき合うほうがベターかもしれません。

相手が孔雀　あなたの親切が悪く受け取られる心配があります。こちらの好意が相手のプライドを傷つけることもたびたびあるようです。相手の領分に手出しは禁物。そっと見守るほうがベターでしょう。

相手がビーバー　相手へのライバル心が、あなたの力を伸ばす組み合わせです。対抗意識を持つことは、けっして悪いことではありません。あなたのがんばる力の源になり、ベリーグッドな相性といえます。

相手がイルカ　相手の言葉がチクチク胸に突き刺さりそう。特別相手がいじわる、というわけではないけれど、あなたにとっては相手のひと言が骨身に染みます。もっと心を丈夫にしたいところです。

いぬ

忠誠心の人間関係

相手がぞう　相手のテンポに合わせるのが大変かも!?　スピーディーさが信条の相手とやっていくのは、じっくり型のあなたにとってかなりしんどいこと。でも底力のあるあなたならできるはず。

相手がうさぎ　相手の調子のよさにはついていけないと思う反面、外交手腕抜群の相手を尊敬する気持ちもフツフツ湧いてきます。自分に欠けているものを持っている相手がまぶしく見える組み合わせ。

相手がライオン　相手に花を持たせてあげれば、あなたのためにあれこれ骨を折ってくれる人です。このタイプの相手は、ほめまくっていい気分にさせるに限ります。批判めいた発言はもってのほかです。

相手がヘビ　相手からしっかり学べる組み合わせ。このタイプの相手といっしょにいると、あなたは得することばかりです。しゃべり方や服装のセンスから考え方まで、ドンドン吸収しましょう。

相手がいぬ　ガンコさがぶつかってしまうと、どうにもならなくなりそうです。相手のマイナス面に目をつぶり、プラス面を見るようにするのがあなたのため。とくに相手が目上の場合、あら探しは絶対損。

相手がうし　二人とも遠慮がちなため、心から理解し合うのがむずかしい組み合わせかも!?　でも、いったん分かり合えば、最強のサポートをしてくれる相手であることは確か。ヨロイを脱いでぶつかって。

相手が猿　あなたが相手のために尽力する組み合わせのようです。相手の真意は別にして、がんばるキッカケを与えてくれるのだから、あなたにとって、ラッキーパーソンともいえるわけです。

相手が孔雀　実りの多い相性です。相手がよろこんでくれることが、あなたのよろこびになるハッピーな組み合わせ。二人を取り巻く状況がどうであれ、切っても切れない結びつきの強さもあります。

相手がビーバー　あなたが優位に立てる相性です。たとえ相手が先輩や上司の場合でも、あなたに一目置いているふしがチラホラ。あなたからよく思われたくて一生懸命カッコつけたりもしそうです。

相手がイルカ　あなたが相手にプレッシャーをかける組み合わせです。二人の間には緊張感がただよっていますが、それがけっこう心地よかったりするから不思議。お互いがいい刺激になる相性です。

うし

包容型の人間関係

相手がぞう　相手にハッパをかけられてあなたが一念発起するパターン。叱られることで、がんばるぞという気持ちになります。恨まれたり恨んだりすることもあるけれど、プラス面が多い組み合わせです。

相手がうさぎ　信頼関係を築きにくい相性かも!?　相手のモノの言い方にムッとくることがしばしばありそう。あまり細かいところまで相手に口出しされては、逃げ出したくなるのも当然かもしれません。

相手がライオン　お互いの存在が好影響をおよぼし合う組み合わせです。相手のパワーに刺激され、やる気がムクムク湧いてくるあなた。元気のないときほどいっしょにいてパワーを分けてもらいたいものです。

相手がヘビ　時間をかけて信頼関係を築いていくパターン。相手は見かけ以上に警戒心が強く、正直に考えていることを表すタイプではありません。それでも辛抱強いあなたならグッドな関係を築けるはず。

相手がいぬ　相手のマイペースさには、さすがのあなたもタジタジの様子。相性はかならずしも悪くないのですが、この相手とうまくやっていくには、とにかく、こちらが柔軟に対応するほかはなさそうです。

相手がうし　受け身は得意だけど、能動性には欠ける二人なので、一定以上に親しくなるのはむずかしいかもしれません。お互いの立場をわきまえたつき合い方を考えるのが、二人のためにはいいでしょう。

相手が猿　お互い不足しているところをカバーし合える相性です。相手の自己中心的な面が目立つ組み合わせでもありますが、許容範囲の広いあなたなら、相手をうまくコントロールできるでしょう。

相手が孔雀　思いつきで方針を変えがちな相手とうまくやっていくには、忍耐力が不可欠のようです。あなたならその資格十分なのですが、相手を増長させないためには、ときどきお灸をすえることも必要。

相手がビーバー　浅いつき合いになりやすい相性です。とはいえ、相性が悪いわけではありません。上下関係のルールを守って、礼儀正しくつき合っていくのが、このタイプの相手へのベストな対応のしかた。

相手がイルカ　相手を押さえつけてしまいがちです。相手は言いつけに素直に従うようですが、それ以上の関係には発展しにくいようです。相手が後輩の場合、話しやすいムードを作ることは先輩のつとめでしょう。

猿

開放型の人間関係

相手がぞう　対立しやすい相性のようです。何も考えず口にしたひと言で、相手の怒りを買ってしまうこともありそう。相手が年上の場合、口の利き方には十分すぎるくらい注意を払いたいものです。

相手がうさぎ　むこうは迷惑がっているフシもありますが、あなたにとってはつき合いやすい相手。困ったときに、まっ先にヘルプを頼める相手でもありますが、身勝手な依頼はほどほどにしておくこと。

相手がライオン　相性はイマイチです。お互いガードが固く、弱みを見せまいと必死のよう。もう少し肩の力を抜いて、リラックスしてやっていくほうがお互いのためなのですが、うまくいかないようです。

相手がヘビ　かかわり合いが希薄な組み合わせです。相手はあなたに対して、必要最低限以上のつき合いは求めてきません。それが物足りないなら、あなたのほうから積極的に相手にかかわる姿勢が必要です。

相手がいぬ　ズバリ、あなたが得する組み合わせ。相手のまじめさや几帳面なところが、ずいぶんあなたの役に立ってくれるはず。相手が目上の場合は、きっとあなたを引き立ててくれるでしょう。

相手がうし　イザというとき頼れる相性です。どんなときも落ちついている相手に、あなたは絶大な信頼を寄せています。相手もあなたの信頼にこたえるべく一生懸命。強いきずなが感じられます。

相手が猿　ライバル同士の火花が散る組み合わせです。つまり、あるていど距離を置くほうが、お互いにプラスになる相性なので、甘え合う関係は似合いません。いい意味での緊張感がある関係です。

相手が孔雀　スムーズな関係をキープできますが、意思の疎通に欠けがちなのが気になるところ。どちらかといえば粘り弱いあなたですが、相手はもっとアッサリしているため、理解が深まらない傾向があります。

相手がビーバー　ズバリ、あなたが相手を育てる役まわりです。あなたがほめたり叱ったりすることで、相手はドンドン成長していくはず。相手が目上の場合でも、あなたのサポートが生きる組み合わせです。

相手がイルカ　相性ぴったりです。相手はあなたのちょっとしたサインも見逃しません。共通の目的達成のためにはベリーグッドな組み合わせです。あなたの機転が相手のピンチを救うこともあります。

孔雀

気配り主義の人間関係

相手がぞう　はっきりモノを言いやすい組み合わせです。この相手なら率直に話ができ、まわりくどい気づかいをしなくてすむため、立場の上下にかかわらず、いっしょにがんばる相手としてやりやすいはずです。

相手がうさぎ　言いたいことが的確に伝わりにくいため、誤解が生じやすい組み合わせのよう。相手の言葉の意味がわからないなら、何度も聞き返すようにすべき。その場しのぎの態度はマイナスです。

相手がライオン　ズバリ、相手はあなたを鍛えてくれる人です。相手の理不尽とも思える要求も、自分の成長にプラスとなれば、あまり腹も立たなくなるはずです。とにかく、がんばる力を養いましょう。

相手がヘビ　相手の言うがままになりやすい組み合わせのようです。実際のところ、相手に合わせざるをえない場面が多そうですが、正しいと考えることは、プレッシャーをはね返して発言すべきです。

相手がいぬ　相手はあなたの最高の協力者です。悩みを相談するのもOKですし、意見や感想を求めるにもふさわしい相手でしょう。たとえ相手が後輩でも、謙虚に話を聞く耳を持ちたいところです。

相手がうし　相手から得られるものが多い組み合わせです。日頃あまり口を利くチャンスがなくても、積極的に交流を持ちたいもの。相手が先輩や上司でも、遠慮は無用。こちらから話しかけてみましょう。

相手が猿　意地をはりやすい組み合わせのようです。相手に対する対抗意識も行きすぎると、かえって自分の立場を苦しくしてしまうだけ。もっとあっけらかんと、ナチュラルに接したいものです。

相手が孔雀　相手のちょっとした親切がうれしい、そんな組み合わせです。特別なことをしてあげたり、されたりするわけではないけれど、いっしょにいるだけで、ピリピリした空気も十分になごみます。

相手がビーバー　ズバリ、相手のかゆいところに手が届くような相性です。あなたなら、このタイプの相手の優秀なアシスト役を務められます。とくに相手が上司や先輩の場合、重宝がられることうけあいです。

相手がイルカ　こんなにがんばったのに相手が評価してくれない、とグチをこぼすことになりそう。この組み合わせは、相手がおいしいところを全部持っていってしまう危険がなきにしもあらず。用心してください。

ビーバー

営業タイプの人間関係

相手がぞう　あなたが相手を盛り立てる役どころです。というと、相手にばかり都合のいい組み合わせのようですが、相手に協力することであなたが得られるものも大きいはず。ご安心ください。

相手がうさぎ　相手はあなたをサポートしてくれる人です。この相手の前で、隠しごとをしたり、見栄をはるのは厳禁。せっかくの相手の好意を無にするふるまいは絶対やめるべき。思いっきり頼ってしまいましょう。

相手がライオン　どんなときも相手のプライドを傷つけない配慮が必要な組み合わせです。ヘタに差し出がましいことをするのは関心しません。相手が困っていても知らんぷりするほうがいいケースもあります。

相手がヘビ　あなたの辛口のコメントが相手を奮い立たせる組み合わせ。このタイプの相手にお世辞は逆効果。良いところはほめ、あまり良くないところはきちんと指摘するスタンスを取るべきです。

相手がいぬ　相手の尻ぬぐいをさせられる危険がなきにしもあらずです。ニコニコしているだけでは、貧乏クジを引いてしまうことになりかねません。イヤなことはハッキリと拒否すべきでしょう。

相手がうし　相手の自信たっぷりな様子に押されがちです。あなたは、あなたの得意分野でがんばればいいのだから、相手のマネをする必要はありません。人をうらやむ暇があるなら自分磨きに励みましょう。

相手が猿　あなたの気配りが相手によろこばれる組み合わせ。「お疲れさま」と声をかけたり、相手の体調を気づかう言葉をかけるとベリーグッド。それだけで相手はあなたの味方になってくれるはずです。

相手が孔雀　スムーズに協力し合える相性です。あなたの気づかないことをさりげなく教えてくれる相手の心づかいには、感謝の気持ちイッパイ！　こちらも大げさでないお礼をしたいものです。

相手がビーバー　コミュニケーションがうまく取れ、協力し合える相性ですが、ライバル意識をかき立てられる組み合わせでもあります。相手に遅れをとらないためには、日頃の勉強は欠かせません。

相手がイルカ　よき相棒になれそうでなれない組み合わせかも!?相手に迷惑をかけたくない気持ちが強すぎるのが、その原因でしょう。自分ひとりでやることには限界がある、それを肝に銘じておきたいものです。

イルカ

サービス精神の人間関係

相手がぞう　相手のヤル気を引き出し、長所をさらにパワーアップさせることができる組み合わせです。とくに先輩後輩の間柄の場合、とてもいい相性といえそうです。辛口のアドバイスも大歓迎！

相手がうさぎ　はっきり言って、相手を甘やかしすぎです。相手はあなたを都合よく利用しないともかぎりません。とくに同じような立場にいる場合、安っぽい同情はお互いをスポイルするだけです。

相手がライオン　別に相手を嫌っているわけではないけれど、話が通じにくい相性です。相手を理解したい意欲が湧かないため、ずっと平行線をたどりそうな組み合わせなのです。揉めごとも起きません。

相手がヘビ　何となく気に食わない相性です。あなたの目には、相手はただの目立ちたがり屋に映ってしまうようです。協力してコトをおこなうなら、はっきりと役割分担をしておくほうが賢明でしょう。

相手がいぬ　相手の存在自体がヤル気アップの刺激になる組み合わせです。相手に負けたくない気持ちが強くなり、実力以上の力を発揮するシーンもありそう。ずっとライバルでいてほしい相手です。

相手がうし　リズムもテンポも合わない二人です。あなたは相手が熱中していることに関心が持てないし、相手もあなたのすることに興味がないようです。パートナーシップを築くのはむずかしい傾向があります。

相手が猿　相手のいいところを吸収できるベリーグッドな組み合わせ。もともと柔軟性抜群のあなたですが、このタイプの相手からは最良なものを学び、より魅力ある自分に変身できるでしょう。

相手が孔雀　気配りいっぱいの相手ですが、それに慣れてしまって、あまりありがたみを感じないかも!?　とくに相手が後輩の場合、何でも用事を頼んでしまいがち。図に乗らないように心すべきです。

相手がビーバー　相性はまずまずグッドなのですが、何となく相手との距離を感じてしまいそう。相手によく思われたいため、いい子ぶってしまう傾向がなきにしもあらずです。もっと気楽に接してください。

相手がイルカ　よくわかり合える組み合わせです。相手の操縦法をお互いが熟知しているため、衝突はまずなさそう。ただし、面白味に欠けるのは否めませんし、また、いっしょにいると退屈かもしれません。

第5章

有名人にみる相性の秘密

相性の良い人・悪い人

人間と人間の相性というのは、本当に不思議なものです。まったくの初対面でも、「この人と気が合いそう」と思える人もいれば、「なんか、イヤなやつ」と感じる人もいます。

このように、相手から受ける印象や感じが、人によってまったく違うということの奥底には、「相性の秘密」が隠れているのです。

気が合う、合わないといわれているものには、基本的な性質の違いが関係しています。それは、この本のベースになっている「木火土金水」という五元素からなる「五つの気」の働きによります。

この本に登場するそれぞれの動物は、この「五つの気」に左右されています。つまり、木＝ぞう・うさぎ、火＝ライオン・ヘビ、土＝いぬ・うし、金＝猿・孔雀、水＝ビーバー・イルカとなります。

人間の相性は、五つの気に大きな影響を受けます。というのも、この五つの気は、「木火土金水」という順で、次のように、①援助関係、②対立関係、③同化関係をつくるからです。

ゆったり安心してつき合える「援助の関係」

まず援助関係は、次のように、「自分が生み出すもの」と「生んでくれたもの」との間の関係です。

◆木と木がこすり合うと火を生む
◆火が燃えつきると灰になり、土に返る
◆土はその中に金属を作り出す
◆金は表面にたくさんの水滴をつける
◆水は木を立派に成長させる

あなたが「木性」の人なら、「水性」の人は、あなたにとって「親のような存在」になります。これは自分を生んでくれるので、自分にとっていちばんうれしい関係です。ごく自然に、気楽につき合っていけるのです。

また一方では、「火性」の人は、あなたにとっては「子どものような人」になるので、あなたは親の立場になるわけです。自分が親なので、黙っていても子のためにつくします。生まれる相手にとっては、ありがたい存在です。

要注意の「対立の関係」

次に、対立関係があります。これは「相手を傷つけたり、傷つけられたりする」という関係です。

◆木は土から養分を取り上げる
◆火は金を溶かす
◆土は水の流れをせきとめる
◆金（刃物）は木を切り倒す
◆水は燃える火を消す

たとえば、あなたが「火性」の人なら、「水性」の人はうれしくない存在です。自分のパワーにストップをかけられてしまうのです。反対に「金性」の人にとっては、「火性」のあなたは大敵というわけです。

援助関係と対立関係のバランスが大切

とはいえ、かならずしも援助関係が吉、対立関係が凶とも言い切れないのが相性の不思議なところです。

相手が自分を傷つける関係のときはイヤな相手といえますが、自分を甘えさせてくれる人よりも、しっかり鍛えてくれる人が必要なケースもあるでしょう。自分のまわりには、助けてくれる人ばかりでなく、対立関係の人がいたほうがいい場合もあるのです。つまり、援助と対立の関係をうまく使いこなせる人が、成功するというわけです。

そして五つの気の関係では、もう一つ、同化関係という、自分と兄弟のような関係があります。つまり「火性」の人と「火性」の人は、性格的に近いということです。この場合、関係は良好と考えてください。

では実際に、有名人の場合を例にとって、この本に登場する動物同士がどんな関係になるのか、みていきましょう。

ライオン＋ヘビ＋うし

人気番組『ＤＡＩＳＵＫＩ！』の仲良しトリオは、中山秀征さんがライオン、松本明子さんがヘビ、飯島直子さんがうし。相性的には、松本さんは直ちゃんにドーンと奉仕し、秀ちゃんは直ちゃんに知らず知らずに力を貸すという関係。そう思って見ると楽しい。

いぬ＋孔雀

『じんべえ』というＴＶドラマで共演した田村正和さん、松たか子さん、草彅剛さん。さて、その関係は…田村さんと草彅さんが孔雀で、松さんがいぬ。孔雀の二人が松さんにエネルギーを与える組み合わせ。ドラマの成功の陰に、そんな心理的裏付けがあったのです。

孔雀＋イルカ

代表的な歌番組の『ＴＨＥ夜もヒッパレ』。旬の歌手たちの共演もうれしいのですが、司会の三宅裕司さんと赤坂泰彦さんのかけ合いも見どころ。赤坂さんが孔雀で三宅さんがイルカとくれば、それも納得。お互いに「いい人だなあ」という相性ぴったり関係。

うし＋猿

『開運！なんでも鑑定団』では、日本中の眠れるお宝の発掘に一生懸命ですが、司会の石坂浩二さん、島田紳助さんを分析すると、うしvs猿の関係でべリーグッド。猿の紳助さんに石坂さんがさまざまなエネルギーを与えるパターンで、無理なく長続きするでしょう。

ライオン＋うし

芸能一家の兄弟としてスタートした高嶋政宏・高嶋政伸さんですが、七光どころか、実力派になりました。ライオンの政宏さんは、うしの政伸さんにパワーを与える役割ですし、政伸さんはそれによって自然に成長します。理想的な相性の兄弟といえますね。

いぬ＋孔雀

ワインブームを盛り上げたＴＶドラマ『ソムリエ』で共演した稲垣吾郎さんと鈴木杏樹さん。いぬの稲垣さんは孔雀に養分を取られてしまう立場ですが、それをイヤと思わない、うれしい組み合わせです。鈴木さんには、願ってもない理想のパターンなのでした。

ビーバー＋ビーバー

哀愁漂う男の代表・高倉健さんと、アイドル広末涼子さんの接点といえば、映画『鉄道員《ぽっぽや》』。この二人は同じビーバーなので、年こそ違っても、まったく同じ家族ということ。気どらず、ごく普通のムードで共演したのが、映画の成功につながったのでしょう。

いぬ＋猿

木村拓哉さんと中山美穂さんという、人気スターの夢の共演が『眠れる森』でした。キムタクというナンバーワン男優とのドラマワールドは、ミポリンの魅力を深めてくれました。猿のミポリンは、いぬのキムタクから十分すぎる援助を受けるという関係なのです。

ぞう＋ヘビ

お笑いばかりでなく、CMや司会に大活躍の「爆笑問題」の二人は、田中裕二さんがぞうで、太田光さんはヘビ。ぞうはヘビに対して一途に奉仕しますし、ヘビは、「気持ちはいっしょだ。ほんと、無理なくつき合えるよ」とお気楽です。最強のコンビといえます。

いぬ＋いぬ

浮き沈みの激しい芸能界で、長い人気を保っている加藤茶さんと志村けんさんは、同じ「いぬ族」。ドリフターズを出発点に、いまだにコンビを組むことが多いのですから、相性が合うのでしょう。意見が違ったとしても、それは、じゃれ合っているようなものです。

ヘビ＋いぬ

歌に芝居に司会にと、大活躍のキンキキッズ。堂本剛さんはヘビで、堂本光一さんはいぬ。いぬは「気を使わなくていいなあ」と思いますし、ヘビは「できるだけ協力してやろう」と相手のことを心配します。二人の人気の秘密は、すばらしい相性にあるようです。

いぬ＋孔雀

SMAP（中居正広・木村拓哉・稲垣吾郎・草彅剛・香取慎吾）は、いぬの木村くん、稲垣くん、香取くんと、孔雀の中居くん、草彅くんという二つのグループだけ。しかも「相手につくし、相手からつくされる」という文句なしに団結力が強い組み合わせです。

いぬ＋ライオン

芸能界を代表するコンビといえば、とんねるずの石橋貴明さんと木梨憲武さん。歌に司会に、何でもこなせる芸域の広さに脱帽！　いぬの石橋さんは、ライオンの木梨さんから一方的につくされるという相性です。石橋さんにとってはありがたい相手です。

うし＋イルカ

プロ野球の話題を一人占めしたスターといえば、西武ライオンズのスーパールーキー松坂大輔さん(うし)。チーム監督の東尾修さんはイルカで、心理的にイルカを従属させる関係になります。お父さんの肩車に乗ったやんちゃなアイドルといったところでしょうか。

うし＋ヘビ

日本サッカー界の代表的MFである中田英寿さんと中村俊輔さんは、うしとヘビの関係。中村さんがご奉仕して、中田さんがそのパワーを十分に利用するという相性。この二人のコンビが力を発揮すれば、オリンピックでもバンバン勝ち抜けるかも。

うさぎ＋ビーバー＋いぬ

若い女性に圧倒的人気のELTのメンバー三人は、持田香織さん(うさぎ)、五十嵐充さん(ビーバー)、伊藤一朗さん(いぬ)。ビーバーはうさぎにつくし、いぬを従わせ、うさぎといぬは干渉しないクールな関係。バランスのよさがステージから読みとれるかな？

ZZZ..

これから10年あなたの運命

ぞう

2000年	いろいろと問題が起こり、ふりまわされる年
2001年	可もなく不可もなく、月日が過ぎていく年
2002年	流れにしっかりと乗って、時代の恩恵を受ける年
2003年	困ったことがあると、どこからか救い主があらわれる年
2004年	ゆったり、のんびりとくつろげる年
2005年	あれこれ努力しても空回りしやすい年
2006年	一方的に人に利用されがちな年
2007年	奉仕するばかりで、自分の利益にはならない年
2008年	すべてが自分中心に動いていく年
2009年	それほど努力しなくても、自然に運が向く年

うさぎ

2000年	それほど努力しなくても、自然に運が向く年
2001年	いろいろと問題が起こり、ふりまわされる年
2002年	困ったことがあると、どこからか救い主があらわれる年
2003年	流れにしっかりと乗って、時代の恩恵を受ける年
2004年	あれこれ努力しても空回りしやすい年
2005年	ゆったり、のんびりとくつろげる年
2006年	奉仕するばかりで、自分の利益にはならない年
2007年	一方的に人に利用されがちな年
2008年	可もなく不可もなく、月日が過ぎていく年
2009年	すべてが自分中心に動いていく年

ライオン

2000年	すべてが自分中心に動いていく年
2001年	それほど努力しなくても、自然に運が向く年
2002年	いろいろと問題が起こり、ふりまわされる年
2003年	可もなく不可もなく、月日が過ぎていく年
2004年	流れにしっかりと乗って、時代の恩恵を受ける年
2005年	困ったことがあると、どこからか救い主があらわれる年
2006年	ゆったり、のんびりとくつろげる年
2007年	あれこれ努力しても空回りしやすい年
2008年	一方的に人に利用されがちな年
2009年	奉仕するばかりで、自分の利益にはならない年

ヘビ

2000年	可もなく不可もなく、月日が過ぎていく年
2001年	すべてが自分中心に動いていく年
2002年	それほど努力しなくても、自然に運が向く年
2003年	いろいろと問題が起こり、ふりまわされる年
2004年	困ったことがあると、どこからか救い主があらわれる年
2005年	流れにしっかりと乗って、時代の恩恵を受ける年
2006年	あれこれ努力しても空回りしやすい年
2007年	ゆったり、のんびりとくつろげる年
2008年	奉仕するばかりで、自分の利益にはならない年
2009年	一方的に人に利用されがちな年

いぬ

2000年	一方的に人に利用されがちな年
2001年	奉仕するばかりで、自分の利益にはならない年
2002年	すべてが自分中心に動いていく年
2003年	それほど努力しなくても、自然に運が向く年
2004年	いろいろと問題が起こり、ふりまわされる年
2005年	可もなく不可もなく、月日が過ぎていく年
2006年	流れにしっかりと乗って、時代の恩恵を受ける年
2007年	困ったことがあると、どこからか救い主があらわれる年
2008年	ゆったり、のんびりとくつろげる年
2009年	あれこれ努力しても空回りしやすい年

うし

2000年	奉仕するばかりで、自分の利益にはならない年
2001年	一方的に人に利用されがちな年
2002年	可もなく不可もなく、月日が過ぎていく年
2003年	すべてが自分中心に動いていく年
2004年	それほど努力しなくても、自然に運が向く年
2005年	いろいろと問題が起こり、ふりまわされる年
2006年	困ったことがあると、どこからか救い主があらわれる年
2007年	流れにしっかりと乗って、時代の恩恵を受ける年
2008年	あれこれ努力しても空回りしやすい年
2009年	ゆったり、のんびりとくつろげる年

猿

2000年	ゆったり、のんびりとくつろげる年
2001年	あれこれ努力しても空回りしやすい年
2002年	一方的に人に利用されがちな年
2003年	奉仕するばかりで、自分の利益にはならない年
2004年	すべてが自分中心に動いていく年
2005年	それほど努力しなくても、自然に運が向く年
2006年	いろいろと問題が起こり、ふりまわされる年
2007年	可もなく不可もなく、月日が過ぎていく年
2008年	流れにしっかりと乗って、時代の恩恵を受ける年
2009年	困ったことがあると、どこからか救い主があらわれる年

孔雀

2000年	あれこれ努力しても空回りしやすい年
2001年	ゆったり、のんびりとくつろげる年
2002年	奉仕するばかりで、自分の利益にはならない年
2003年	一方的に人に利用されがちな年
2004年	可もなく不可もなく、月日が過ぎていく年
2005年	すべてが自分中心に動いていく年
2006年	それほど努力しなくても、自然に運が向く年
2007年	いろいろと問題が起こり、ふりまわされる年
2008年	困ったことがあると、どこからか救い主があらわれる年
2009年	流れにしっかりと乗って、時代の恩恵を受ける年

ビーバー

2000年	流れにしっかりと乗って、時代の恩恵を受ける年
2001年	困ったことがあると、どこからか救い主があらわれる年
2002年	ゆったり、のんびりとくつろげる年
2003年	あれこれ努力しても空回りしやすい年
2004年	一方的に人に利用されがちな年
2005年	奉仕するばかりで、自分の利益にはならない年
2006年	すべてが自分中心に動いていく年
2007年	それほど努力しなくても、自然に運が向く年
2008年	いろいろと問題が起こり、ふりまわされる年
2009年	可もなく不可もなく、月日が過ぎていく年

イルカ

2000年	困ったことがあると、どこからか救い主があらわれる年
2001年	流れにしっかりと乗って、時代の恩恵を受ける年
2002年	あれこれ努力しても空回りしやすい年
2003年	ゆったり、のんびりとくつろげる年
2004年	奉仕するばかりで、自分の利益にはならない年
2005年	一方的に人に利用されがちな年
2006年	可もなく不可もなく、月日が過ぎていく年
2007年	すべてが自分中心に動いていく年
2008年	それほど努力しなくても、自然に運が向く年
2009年	いろいろと問題が起こり、ふりまわされる年

MILK

あなたの動物のタイプは？

動物早見表

あなたの動物の見つけ方

1

まず、下にある２つの表のどちらかで(西暦・年号どちらでもOK)、あなたの生まれた年を見つけましょう。

(隠しキャラは25ページを見てください)

生まれた年(年号)	表番号
明治39,大正14,昭和2,21,40,42,61	1番
明治38,40,昭和1,20,22,41,60,62	2番
明治42,44,昭和5,24,26,45,64,平成1,3	3番
明治43,昭和4,6,25,44,46,平成2	4番
大正2,4,昭和9,28,30,49,平成5,7	5番
大正3,昭和8,10,29,48,50,平成6	6番
大正6,8,昭和13,32,34,53,平成9,11	7番
大正7,昭和12,14,33,52,54,平成10	8番
明治35,大正10,12,昭和17,36,38,57,平成13	9番
明治34,36,大正11,昭和16,18,37,56,58	10番
明治41,昭和23,63	11番
大正1,昭和27,平成4	12番
大正5,昭和31,平成8	13番
大正9,昭和35,平成12	14番
大正13,昭和39	15番
昭和3,43	16番
昭和7,47	17番
昭和11,51	18番
昭和15,55	19番
明治37,昭和19,59	20番

2

その年に対応している「表番号」を見ると、あなたが何番の表に対応しているのかがわかります。もしあなたが1979（昭和54）年生まれなら、対応するのは８番の表です。

めざす表の中から生まれた月と日を探すと…、あなたの動物タイプが判明します！

生まれた年（西暦）	表番号
1906,1925,1927,1946,1965,1967,1986	1番
1905,1907,1926,1945,1947,1966,1985,1987	2番
1909,1911,1930,1949,1951,1970,1989,1991	3番
1910,1929,1931,1950,1969,1971,1990	4番
1913,1915,1934,1953,1955,1974,1993,1995	5番
1914,1933,1935,1954,1973,1975,1994	6番
1917,1919,1938,1957,1959,1978,1997,1999	7番
1918,1937,1939,1958,1977,1979,1998	8番
1902,1921,1923,1942,1961,1963,1982,2001	9番
1901,1903,1922,1941,1943,1962,1981,1983	10番
1908,1948,1988	11番
1912,1952,1992	12番
1916,1956,1996	13番
1920,1960,2000	14番
1924,1964	15番
1928,1968	16番
1932,1972	17番
1936,1976	18番
1940,1980	19番
1904,1944,1984	20番

1番

	1月	2月	3月	4月	5月	6月	7月	8月	9月	10月	11月	12月
1	うさぎ	ライオン	ぞう	うさぎ	うさぎ	ライオン	ライオン	ヘビ	いぬ	いぬ	うし	うし
2	ライオン	ヘビ	うさぎ	ライオン	ライオン	ヘビ	ヘビ	いぬ	うし	うし	猿	猿
3	ヘビ	いぬ	ライオン	ヘビ	ヘビ	いぬ	いぬ	うし	猿	猿	孔雀	孔雀
4	いぬ	うし	ヘビ	いぬ	いぬ	うし	うし	猿	孔雀	孔雀	ビーバー	ビーバー
5	うし	猿	いぬ	うし	うし	猿	猿	孔雀	ビーバー	ビーバー	イルカ	イルカ
6	猿	孔雀	うし	猿	猿	孔雀	孔雀	ビーバー	イルカ	イルカ	ぞう	ぞう
7	孔雀	ビーバー	猿	孔雀	孔雀	ビーバー	ビーバー	イルカ	ぞう	ぞう	うさぎ	うさぎ
8	ビーバー	イルカ	孔雀	ビーバー	ビーバー	イルカ	イルカ	ぞう	うさぎ	うさぎ	ライオン	ライオン
9	イルカ	ぞう	ビーバー	イルカ	イルカ	ぞう	ぞう	うさぎ	ライオン	ライオン	ヘビ	ヘビ
10	ぞう	うさぎ	イルカ	ぞう	ぞう	うさぎ	うさぎ	ライオン	ヘビ	ヘビ	いぬ	いぬ
11	うさぎ	ライオン	ぞう	うさぎ	うさぎ	ライオン	ライオン	ヘビ	いぬ	いぬ	うし	うし
12	ライオン	ヘビ	うさぎ	ライオン	ライオン	ヘビ	ヘビ	いぬ	うし	うし	猿	猿
13	ヘビ	いぬ	ライオン	ヘビ	ヘビ	いぬ	いぬ	うし	猿	猿	孔雀	孔雀
14	いぬ	うし	ヘビ	いぬ	いぬ	うし	うし	猿	孔雀	孔雀	ビーバー	ビーバー
15	うし	猿	いぬ	うし	うし	猿	猿	孔雀	ビーバー	ビーバー	イルカ	イルカ
16	猿	孔雀	うし	猿	猿	孔雀	孔雀	ビーバー	イルカ	イルカ	ぞう	ぞう
17	孔雀	ビーバー	猿	孔雀	孔雀	ビーバー	ビーバー	イルカ	ぞう	ぞう	うさぎ	うさぎ
18	ビーバー	イルカ	孔雀	ビーバー	ビーバー	イルカ	イルカ	ぞう	うさぎ	うさぎ	ライオン	ライオン
19	イルカ	ぞう	ビーバー	イルカ	イルカ	ぞう	ぞう	うさぎ	ライオン	ライオン	ヘビ	ヘビ
20	ぞう	うさぎ	イルカ	ぞう	ぞう	うさぎ	うさぎ	ライオン	ヘビ	ヘビ	いぬ	いぬ
21	うさぎ	ライオン	ぞう	うさぎ	うさぎ	ライオン	ライオン	ヘビ	いぬ	いぬ	うし	うし
22	ライオン	ヘビ	うさぎ	ライオン	ライオン	ヘビ	ヘビ	いぬ	うし	うし	猿	猿
23	ヘビ	いぬ	ライオン	ヘビ	ヘビ	いぬ	いぬ	うし	猿	猿	孔雀	孔雀
24	いぬ	うし	ヘビ	いぬ	いぬ	うし	うし	猿	孔雀	孔雀	ビーバー	ビーバー
25	うし	猿	いぬ	うし	うし	猿	猿	孔雀	ビーバー	ビーバー	イルカ	イルカ
26	猿	孔雀	うし	猿	猿	孔雀	孔雀	ビーバー	イルカ	イルカ	ぞう	ぞう
27	孔雀	ビーバー	猿	孔雀	孔雀	ビーバー	ビーバー	イルカ	ぞう	ぞう	うさぎ	うさぎ
28	ビーバー	イルカ	孔雀	ビーバー	ビーバー	イルカ	イルカ	ぞう	うさぎ	うさぎ	ライオン	ライオン
29	イルカ		ビーバー	イルカ	イルカ	ぞう	ぞう	うさぎ	ライオン	ライオン	ヘビ	ヘビ
30	ぞう		イルカ	ぞう	ぞう	うさぎ	うさぎ	ライオン	ヘビ	ヘビ	いぬ	いぬ
31	うさぎ		ぞう		うさぎ		ライオン	ヘビ		いぬ		うし

2番

	1月	2月	3月	4月	5月	6月	7月	8月	9月	10月	11月	12月
1	猿	孔雀	うし	猿	猿	孔雀	孔雀	ビーバー	イルカ	イルカ	ぞう	ぞう
2	孔雀	ビーバー	猿	孔雀	孔雀	ビーバー	ビーバー	イルカ	ぞう	ぞう	うさぎ	うさぎ
3	ビーバー	イルカ	孔雀	ビーバー	ビーバー	イルカ	イルカ	ぞう	うさぎ	うさぎ	ライオン	ライオン
4	イルカ	ぞう	ビーバー	イルカ	イルカ	ぞう	ぞう	うさぎ	ライオン	ライオン	ヘビ	ヘビ
5	ぞう	うさぎ	イルカ	ぞう	ぞう	うさぎ	うさぎ	ライオン	ヘビ	ヘビ	いぬ	いぬ
6	うさぎ	ライオン	ぞう	うさぎ	うさぎ	ライオン	ライオン	ヘビ	いぬ	いぬ	うし	うし
7	ライオン	ヘビ	うさぎ	ライオン	ライオン	ヘビ	ヘビ	いぬ	うし	うし	猿	猿
8	ヘビ	いぬ	ライオン	ヘビ	ヘビ	いぬ	いぬ	うし	猿	猿	孔雀	孔雀
9	いぬ	うし	ヘビ	いぬ	いぬ	うし	うし	猿	孔雀	孔雀	ビーバー	ビーバー
10	うし	猿	いぬ	うし	うし	猿	猿	孔雀	ビーバー	ビーバー	イルカ	イルカ
11	猿	孔雀	うし	猿	猿	孔雀	孔雀	ビーバー	イルカ	イルカ	ぞう	ぞう
12	孔雀	ビーバー	猿	孔雀	孔雀	ビーバー	ビーバー	イルカ	ぞう	ぞう	うさぎ	うさぎ
13	ビーバー	イルカ	孔雀	ビーバー	ビーバー	イルカ	イルカ	ぞう	うさぎ	うさぎ	ライオン	ライオン
14	イルカ	ぞう	ビーバー	イルカ	イルカ	ぞう	ぞう	うさぎ	ライオン	ライオン	ヘビ	ヘビ
15	ぞう	うさぎ	イルカ	ぞう	ぞう	うさぎ	うさぎ	ライオン	ヘビ	ヘビ	いぬ	いぬ
16	うさぎ	ライオン	ぞう	うさぎ	うさぎ	ライオン	ライオン	ヘビ	いぬ	いぬ	うし	うし
17	ライオン	ヘビ	うさぎ	ライオン	ライオン	ヘビ	ヘビ	いぬ	うし	うし	猿	猿
18	ヘビ	いぬ	ライオン	ヘビ	ヘビ	いぬ	いぬ	うし	猿	猿	孔雀	孔雀
19	いぬ	うし	ヘビ	いぬ	いぬ	うし	うし	猿	孔雀	孔雀	ビーバー	ビーバー
20	うし	猿	いぬ	うし	うし	猿	猿	孔雀	ビーバー	ビーバー	イルカ	イルカ
21	猿	孔雀	うし	猿	猿	孔雀	孔雀	ビーバー	イルカ	イルカ	ぞう	ぞう
22	孔雀	ビーバー	猿	孔雀	孔雀	ビーバー	ビーバー	イルカ	ぞう	ぞう	うさぎ	うさぎ
23	ビーバー	イルカ	孔雀	ビーバー	ビーバー	イルカ	イルカ	ぞう	うさぎ	うさぎ	ライオン	ライオン
24	イルカ	ぞう	ビーバー	イルカ	イルカ	ぞう	ぞう	うさぎ	ライオン	ライオン	ヘビ	ヘビ
25	ぞう	うさぎ	イルカ	ぞう	ぞう	うさぎ	うさぎ	ライオン	ヘビ	ヘビ	いぬ	いぬ
26	うさぎ	ライオン	ぞう	うさぎ	うさぎ	ライオン	ライオン	ヘビ	いぬ	いぬ	うし	うし
27	ライオン	ヘビ	うさぎ	ライオン	ライオン	ヘビ	ヘビ	いぬ	うし	うし	猿	猿
28	ヘビ	いぬ	ライオン	ヘビ	ヘビ	いぬ	いぬ	うし	猿	猿	孔雀	孔雀
29	いぬ		ヘビ	いぬ	いぬ	うし	うし	猿	孔雀	孔雀	ビーバー	ビーバー
30	うし		いぬ	うし	うし	猿	猿	孔雀	ビーバー	ビーバー	イルカ	イルカ
31	猿		うし		猿		孔雀	ビーバー		イルカ		ぞう

3番

	1月	2月	3月	4月	5月	6月	7月	8月	9月	10月	11月	12月
1	孔雀	ビーバー	猿	孔雀	孔雀	ビーバー	ビーバー	イルカ	ぞう	ぞう	うさぎ	うさぎ
2	ビーバー	イルカ	孔雀	ビーバー	ビーバー	イルカ	イルカ	ぞう	うさぎ	うさぎ	ライオン	ライオン
3	イルカ	ぞう	ビーバー	イルカ	イルカ	ぞう	ぞう	うさぎ	ライオン	ライオン	ヘビ	ヘビ
4	ぞう	うさぎ	イルカ	ぞう	ぞう	うさぎ	うさぎ	ライオン	ヘビ	ヘビ	いぬ	いぬ
5	うさぎ	ライオン	ぞう	うさぎ	うさぎ	ライオン	ライオン	ヘビ	いぬ	いぬ	うし	うし
6	ライオン	ヘビ	うさぎ	ライオン	ライオン	ヘビ	ヘビ	いぬ	うし	うし	猿	猿
7	ヘビ	いぬ	ライオン	ヘビ	ヘビ	いぬ	いぬ	うし	猿	猿	孔雀	孔雀
8	いぬ	うし	ヘビ	いぬ	いぬ	うし	うし	猿	孔雀	孔雀	ビーバー	ビーバー
9	うし	猿	いぬ	うし	うし	猿	猿	孔雀	ビーバー	ビーバー	イルカ	イルカ
10	猿	孔雀	うし	猿	猿	孔雀	孔雀	ビーバー	イルカ	イルカ	ぞう	ぞう
11	孔雀	ビーバー	猿	孔雀	孔雀	ビーバー	ビーバー	イルカ	ぞう	ぞう	うさぎ	うさぎ
12	ビーバー	イルカ	孔雀	ビーバー	ビーバー	イルカ	イルカ	ぞう	うさぎ	うさぎ	ライオン	ライオン
13	イルカ	ぞう	ビーバー	イルカ	イルカ	ぞう	ぞう	うさぎ	ライオン	ライオン	ヘビ	ヘビ
14	ぞう	うさぎ	イルカ	ぞう	ぞう	うさぎ	うさぎ	ライオン	ヘビ	ヘビ	いぬ	いぬ
15	うさぎ	ライオン	ぞう	うさぎ	うさぎ	ライオン	ライオン	ヘビ	いぬ	いぬ	うし	うし
16	ライオン	ヘビ	うさぎ	ライオン	ライオン	ヘビ	ヘビ	いぬ	うし	うし	猿	猿
17	ヘビ	いぬ	ライオン	ヘビ	ヘビ	いぬ	いぬ	うし	猿	猿	孔雀	孔雀
18	いぬ	うし	ヘビ	いぬ	いぬ	うし	うし	猿	孔雀	孔雀	ビーバー	ビーバー
19	うし	猿	いぬ	うし	うし	猿	猿	孔雀	ビーバー	ビーバー	イルカ	イルカ
20	猿	孔雀	うし	猿	猿	孔雀	孔雀	ビーバー	イルカ	イルカ	ぞう	ぞう
21	孔雀	ビーバー	猿	孔雀	孔雀	ビーバー	ビーバー	イルカ	ぞう	ぞう	うさぎ	うさぎ
22	ビーバー	イルカ	孔雀	ビーバー	ビーバー	イルカ	イルカ	ぞう	うさぎ	うさぎ	ライオン	ライオン
23	イルカ	ぞう	ビーバー	イルカ	イルカ	ぞう	ぞう	うさぎ	ライオン	ライオン	ヘビ	ヘビ
24	ぞう	うさぎ	イルカ	ぞう	ぞう	うさぎ	うさぎ	ライオン	ヘビ	ヘビ	いぬ	いぬ
25	うさぎ	ライオン	ぞう	うさぎ	うさぎ	ライオン	ライオン	ヘビ	いぬ	いぬ	うし	うし
26	ライオン	ヘビ	うさぎ	ライオン	ライオン	ヘビ	ヘビ	いぬ	うし	うし	猿	猿
27	ヘビ	いぬ	ライオン	ヘビ	ヘビ	いぬ	いぬ	うし	猿	猿	孔雀	孔雀
28	いぬ	うし	ヘビ	いぬ	いぬ	うし	うし	猿	孔雀	孔雀	ビーバー	ビーバー
29	うし		いぬ	うし	うし	猿	猿	孔雀	ビーバー	ビーバー	イルカ	イルカ
30	猿		うし	猿	猿	孔雀	孔雀	ビーバー	イルカ	イルカ	ぞう	ぞう
31	孔雀		猿		孔雀		ビーバー	イルカ		ぞう		うさぎ

4番

	1月	2月	3月	4月	5月	6月	7月	8月	9月	10月	11月	12月
1	ライオン	ヘビ	うさぎ	ライオン	ライオン	ヘビ	ヘビ	いぬ	うし	うし	猿	猿
2	ヘビ	いぬ	ライオン	ヘビ	ヘビ	いぬ	いぬ	うし	猿	猿	孔雀	孔雀
3	いぬ	うし	ヘビ	いぬ	いぬ	うし	うし	猿	孔雀	孔雀	ビーバー	ビーバー
4	うし	猿	いぬ	うし	うし	猿	猿	孔雀	ビーバー	ビーバー	イルカ	イルカ
5	猿	孔雀	うし	猿	猿	孔雀	孔雀	ビーバー	イルカ	イルカ	ぞう	ぞう
6	孔雀	ビーバー	猿	孔雀	孔雀	ビーバー	ビーバー	イルカ	ぞう	ぞう	うさぎ	うさぎ
7	ビーバー	イルカ	孔雀	ビーバー	ビーバー	イルカ	イルカ	ぞう	うさぎ	うさぎ	ライオン	ライオン
8	イルカ	ぞう	ビーバー	イルカ	イルカ	ぞう	ぞう	うさぎ	ライオン	ライオン	ヘビ	ヘビ
9	ぞう	うさぎ	イルカ	ぞう	ぞう	うさぎ	うさぎ	ライオン	ヘビ	ヘビ	いぬ	いぬ
10	うさぎ	ライオン	ぞう	うさぎ	うさぎ	ライオン	ライオン	ヘビ	いぬ	いぬ	うし	うし
11	ライオン	ヘビ	うさぎ	ライオン	ライオン	ヘビ	ヘビ	いぬ	うし	うし	猿	猿
12	ヘビ	いぬ	ライオン	ヘビ	ヘビ	いぬ	いぬ	うし	猿	猿	孔雀	孔雀
13	いぬ	うし	ヘビ	いぬ	いぬ	うし	うし	猿	孔雀	孔雀	ビーバー	ビーバー
14	うし	猿	いぬ	うし	うし	猿	猿	孔雀	ビーバー	ビーバー	イルカ	イルカ
15	猿	孔雀	うし	猿	猿	孔雀	孔雀	ビーバー	イルカ	イルカ	ぞう	ぞう
16	孔雀	ビーバー	猿	孔雀	孔雀	ビーバー	ビーバー	イルカ	ぞう	ぞう	うさぎ	うさぎ
17	ビーバー	イルカ	孔雀	ビーバー	ビーバー	イルカ	イルカ	ぞう	うさぎ	うさぎ	ライオン	ライオン
18	イルカ	ぞう	ビーバー	イルカ	イルカ	ぞう	ぞう	うさぎ	ライオン	ライオン	ヘビ	ヘビ
19	ぞう	うさぎ	イルカ	ぞう	ぞう	うさぎ	うさぎ	ライオン	ヘビ	ヘビ	いぬ	いぬ
20	うさぎ	ライオン	ぞう	うさぎ	うさぎ	ライオン	ライオン	ヘビ	いぬ	いぬ	うし	うし
21	ライオン	ヘビ	うさぎ	ライオン	ライオン	ヘビ	ヘビ	いぬ	うし	うし	猿	猿
22	ヘビ	いぬ	ライオン	ヘビ	ヘビ	いぬ	いぬ	うし	猿	猿	孔雀	孔雀
23	いぬ	うし	ヘビ	いぬ	いぬ	うし	うし	猿	孔雀	孔雀	ビーバー	ビーバー
24	うし	猿	いぬ	うし	うし	猿	猿	孔雀	ビーバー	ビーバー	イルカ	イルカ
25	猿	孔雀	うし	猿	猿	孔雀	孔雀	ビーバー	イルカ	イルカ	ぞう	ぞう
26	孔雀	ビーバー	猿	孔雀	孔雀	ビーバー	ビーバー	イルカ	ぞう	ぞう	うさぎ	うさぎ
27	ビーバー	イルカ	孔雀	ビーバー	ビーバー	イルカ	イルカ	ぞう	うさぎ	うさぎ	ライオン	ライオン
28	イルカ	ぞう	ビーバー	イルカ	イルカ	ぞう	ぞう	うさぎ	ライオン	ライオン	ヘビ	ヘビ
29	ぞう		イルカ	ぞう	ぞう	うさぎ	うさぎ	ライオン	ヘビ	ヘビ	いぬ	いぬ
30	うさぎ		ぞう	うさぎ	うさぎ	ライオン	ライオン	ヘビ	いぬ	いぬ	うし	うし
31	ライオン		うさぎ		ライオン		ヘビ	いぬ		うし		猿

5番

	1月	2月	3月	4月	5月	6月	7月	8月	9月	10月	11月	12月
1	ビーバー	イルカ	孔雀	ビーバー	ビーバー	イルカ	イルカ	ぞう	うさぎ	うさぎ	ライオン	ライオン
2	イルカ	ぞう	ビーバー	イルカ	イルカ	ぞう	ぞう	うさぎ	ライオン	ライオン	ヘビ	ヘビ
3	ぞう	うさぎ	イルカ	ぞう	ぞう	うさぎ	うさぎ	ライオン	ヘビ	ヘビ	いぬ	いぬ
4	うさぎ	ライオン	ぞう	うさぎ	うさぎ	ライオン	ライオン	ヘビ	いぬ	いぬ	うし	うし
5	ライオン	ヘビ	うさぎ	ライオン	ライオン	ヘビ	ヘビ	いぬ	うし	うし	猿	猿
6	ヘビ	いぬ	ライオン	ヘビ	ヘビ	いぬ	いぬ	うし	猿	猿	孔雀	孔雀
7	いぬ	うし	ヘビ	いぬ	いぬ	うし	うし	猿	孔雀	孔雀	ビーバー	ビーバー
8	うし	猿	いぬ	うし	うし	猿	猿	孔雀	ビーバー	ビーバー	イルカ	イルカ
9	猿	孔雀	うし	猿	猿	孔雀	孔雀	ビーバー	イルカ	イルカ	ぞう	ぞう
10	孔雀	ビーバー	猿	孔雀	孔雀	ビーバー	ビーバー	イルカ	ぞう	ぞう	うさぎ	うさぎ
11	ビーバー	イルカ	孔雀	ビーバー	ビーバー	イルカ	イルカ	ぞう	うさぎ	うさぎ	ライオン	ライオン
12	イルカ	ぞう	ビーバー	イルカ	イルカ	ぞう	ぞう	うさぎ	ライオン	ライオン	ヘビ	ヘビ
13	ぞう	うさぎ	イルカ	ぞう	ぞう	うさぎ	うさぎ	ライオン	ヘビ	ヘビ	いぬ	いぬ
14	うさぎ	ライオン	ぞう	うさぎ	うさぎ	ライオン	ライオン	ヘビ	いぬ	いぬ	うし	うし
15	ライオン	ヘビ	うさぎ	ライオン	ライオン	ヘビ	ヘビ	いぬ	うし	うし	猿	猿
16	ヘビ	いぬ	ライオン	ヘビ	ヘビ	いぬ	いぬ	うし	猿	猿	孔雀	孔雀
17	いぬ	うし	ヘビ	いぬ	いぬ	うし	うし	猿	孔雀	孔雀	ビーバー	ビーバー
18	うし	猿	いぬ	うし	うし	猿	猿	孔雀	ビーバー	ビーバー	イルカ	イルカ
19	猿	孔雀	うし	猿	猿	孔雀	孔雀	ビーバー	イルカ	イルカ	ぞう	ぞう
20	孔雀	ビーバー	猿	孔雀	孔雀	ビーバー	ビーバー	イルカ	ぞう	ぞう	うさぎ	うさぎ
21	ビーバー	イルカ	孔雀	ビーバー	ビーバー	イルカ	イルカ	ぞう	うさぎ	うさぎ	ライオン	ライオン
22	イルカ	ぞう	ビーバー	イルカ	イルカ	ぞう	ぞう	うさぎ	ライオン	ライオン	ヘビ	ヘビ
23	ぞう	うさぎ	イルカ	ぞう	ぞう	うさぎ	うさぎ	ライオン	ヘビ	ヘビ	いぬ	いぬ
24	うさぎ	ライオン	ぞう	うさぎ	うさぎ	ライオン	ライオン	ヘビ	いぬ	いぬ	うし	うし
25	ライオン	ヘビ	うさぎ	ライオン	ライオン	ヘビ	ヘビ	いぬ	うし	うし	猿	猿
26	ヘビ	いぬ	ライオン	ヘビ	ヘビ	いぬ	いぬ	うし	猿	猿	孔雀	孔雀
27	いぬ	うし	ヘビ	いぬ	いぬ	うし	うし	猿	孔雀	孔雀	ビーバー	ビーバー
28	うし	猿	いぬ	うし	うし	猿	猿	孔雀	ビーバー	ビーバー	イルカ	イルカ
29	猿		うし	猿	猿	孔雀	孔雀	ビーバー	イルカ	イルカ	ぞう	ぞう
30	孔雀		猿	孔雀	孔雀	ビーバー	ビーバー	イルカ	ぞう	ぞう	うさぎ	うさぎ
31	ビーバー		孔雀		ビーバー		イルカ	ぞう		うさぎ		ライオン

6番

	1月	2月	3月	4月	5月	6月	7月	8月	9月	10月	11月	12月
1	ヘビ	いぬ	ライオン	ヘビ	ヘビ	いぬ	いぬ	うし	猿	猿	孔雀	孔雀
2	いぬ	うし	ヘビ	いぬ	いぬ	うし	うし	猿	孔雀	孔雀	ビーバー	ビーバー
3	うし	猿	いぬ	うし	うし	猿	猿	孔雀	ビーバー	ビーバー	イルカ	イルカ
4	猿	孔雀	うし	猿	猿	孔雀	孔雀	ビーバー	イルカ	イルカ	ぞう	ぞう
5	孔雀	ビーバー	猿	孔雀	孔雀	ビーバー	ビーバー	イルカ	ぞう	ぞう	うさぎ	うさぎ
6	ビーバー	イルカ	孔雀	ビーバー	ビーバー	イルカ	イルカ	ぞう	うさぎ	うさぎ	ライオン	ライオン
7	イルカ	ぞう	ビーバー	イルカ	イルカ	ぞう	ぞう	うさぎ	ライオン	ライオン	ヘビ	ヘビ
8	ぞう	うさぎ	イルカ	ぞう	ぞう	うさぎ	うさぎ	ライオン	ヘビ	ヘビ	いぬ	いぬ
9	うさぎ	ライオン	ぞう	うさぎ	うさぎ	ライオン	ライオン	ヘビ	いぬ	いぬ	うし	うし
10	ライオン	ヘビ	うさぎ	ライオン	ライオン	ヘビ	ヘビ	いぬ	うし	うし	猿	猿
11	ヘビ	いぬ	ライオン	ヘビ	ヘビ	いぬ	いぬ	うし	猿	猿	孔雀	孔雀
12	いぬ	うし	ヘビ	いぬ	いぬ	うし	うし	猿	孔雀	孔雀	ビーバー	ビーバー
13	うし	猿	いぬ	うし	うし	猿	猿	孔雀	ビーバー	ビーバー	イルカ	イルカ
14	猿	孔雀	うし	猿	猿	孔雀	孔雀	ビーバー	イルカ	イルカ	ぞう	ぞう
15	孔雀	ビーバー	猿	孔雀	孔雀	ビーバー	ビーバー	イルカ	ぞう	ぞう	うさぎ	うさぎ
16	ビーバー	イルカ	孔雀	ビーバー	ビーバー	イルカ	イルカ	ぞう	うさぎ	うさぎ	ライオン	ライオン
17	イルカ	ぞう	ビーバー	イルカ	イルカ	ぞう	ぞう	うさぎ	ライオン	ライオン	ヘビ	ヘビ
18	ぞう	うさぎ	イルカ	ぞう	ぞう	うさぎ	うさぎ	ライオン	ヘビ	ヘビ	いぬ	いぬ
19	うさぎ	ライオン	ぞう	うさぎ	うさぎ	ライオン	ライオン	ヘビ	いぬ	いぬ	うし	うし
20	ライオン	ヘビ	うさぎ	ライオン	ライオン	ヘビ	ヘビ	いぬ	うし	うし	猿	猿
21	ヘビ	いぬ	ライオン	ヘビ	ヘビ	いぬ	いぬ	うし	猿	猿	孔雀	孔雀
22	いぬ	うし	ヘビ	いぬ	いぬ	うし	うし	猿	孔雀	孔雀	ビーバー	ビーバー
23	うし	猿	いぬ	うし	うし	猿	猿	孔雀	ビーバー	ビーバー	イルカ	イルカ
24	猿	孔雀	うし	猿	猿	孔雀	孔雀	ビーバー	イルカ	イルカ	ぞう	ぞう
25	孔雀	ビーバー	猿	孔雀	孔雀	ビーバー	ビーバー	イルカ	ぞう	ぞう	うさぎ	うさぎ
26	ビーバー	イルカ	孔雀	ビーバー	ビーバー	イルカ	イルカ	ぞう	うさぎ	うさぎ	ライオン	ライオン
27	イルカ	ぞう	ビーバー	イルカ	イルカ	ぞう	ぞう	うさぎ	ライオン	ライオン	ヘビ	ヘビ
28	ぞう	うさぎ	イルカ	ぞう	ぞう	うさぎ	うさぎ	ライオン	ヘビ	ヘビ	いぬ	いぬ
29	うさぎ		ぞう	うさぎ	うさぎ	ライオン	ライオン	ヘビ	いぬ	いぬ	うし	うし
30	ライオン		うさぎ	ライオン	ライオン	ヘビ	ヘビ	いぬ	うし	うし	猿	猿
31	ヘビ		ライオン		ヘビ		いぬ	うし		猿		孔雀

7番

	1月	2月	3月	4月	5月	6月	7月	8月	9月	10月	11月	12月
1	イルカ	ぞう	ビーバー	イルカ	イルカ	ぞう	ぞう	うさぎ	ライオン	ライオン	ヘビ	ヘビ
2	ぞう	うさぎ	イルカ	ぞう	ぞう	うさぎ	うさぎ	ライオン	ヘビ	ヘビ	いぬ	いぬ
3	うさぎ	ライオン	ぞう	うさぎ	うさぎ	ライオン	ライオン	ヘビ	いぬ	いぬ	うし	うし
4	ライオン	ヘビ	うさぎ	ライオン	ライオン	ヘビ	ヘビ	いぬ	うし	うし	猿	猿
5	ヘビ	いぬ	ライオン	ヘビ	ヘビ	いぬ	いぬ	うし	猿	猿	孔雀	孔雀
6	いぬ	うし	ヘビ	いぬ	いぬ	うし	うし	猿	孔雀	孔雀	ビーバー	ビーバー
7	うし	猿	いぬ	うし	うし	猿	猿	孔雀	ビーバー	ビーバー	イルカ	イルカ
8	猿	孔雀	うし	猿	猿	孔雀	孔雀	ビーバー	イルカ	イルカ	ぞう	ぞう
9	孔雀	ビーバー	猿	孔雀	孔雀	ビーバー	ビーバー	イルカ	ぞう	ぞう	うさぎ	うさぎ
10	ビーバー	イルカ	孔雀	ビーバー	ビーバー	イルカ	イルカ	ぞう	うさぎ	うさぎ	ライオン	ライオン
11	イルカ	ぞう	ビーバー	イルカ	イルカ	ぞう	ぞう	うさぎ	ライオン	ライオン	ヘビ	ヘビ
12	ぞう	うさぎ	イルカ	ぞう	ぞう	うさぎ	うさぎ	ライオン	ヘビ	ヘビ	いぬ	いぬ
13	うさぎ	ライオン	ぞう	うさぎ	うさぎ	ライオン	ライオン	ヘビ	いぬ	いぬ	うし	うし
14	ライオン	ヘビ	うさぎ	ライオン	ライオン	ヘビ	ヘビ	いぬ	うし	うし	猿	猿
15	ヘビ	いぬ	ライオン	ヘビ	ヘビ	いぬ	いぬ	うし	猿	猿	孔雀	孔雀
16	いぬ	うし	ヘビ	いぬ	いぬ	うし	うし	猿	孔雀	孔雀	ビーバー	ビーバー
17	うし	猿	いぬ	うし	うし	猿	猿	孔雀	ビーバー	ビーバー	イルカ	イルカ
18	猿	孔雀	うし	猿	猿	孔雀	孔雀	ビーバー	イルカ	イルカ	ぞう	ぞう
19	孔雀	ビーバー	猿	孔雀	孔雀	ビーバー	ビーバー	イルカ	ぞう	ぞう	うさぎ	うさぎ
20	ビーバー	イルカ	孔雀	ビーバー	ビーバー	イルカ	イルカ	ぞう	うさぎ	うさぎ	ライオン	ライオン
21	イルカ	ぞう	ビーバー	イルカ	イルカ	ぞう	ぞう	うさぎ	ライオン	ライオン	ヘビ	ヘビ
22	ぞう	うさぎ	イルカ	ぞう	ぞう	うさぎ	うさぎ	ライオン	ヘビ	ヘビ	いぬ	いぬ
23	うさぎ	ライオン	ぞう	うさぎ	うさぎ	ライオン	ライオン	ヘビ	いぬ	いぬ	うし	うし
24	ライオン	ヘビ	うさぎ	ライオン	ライオン	ヘビ	ヘビ	いぬ	うし	うし	猿	猿
25	ヘビ	いぬ	ライオン	ヘビ	ヘビ	いぬ	いぬ	うし	猿	猿	孔雀	孔雀
26	いぬ	うし	ヘビ	いぬ	いぬ	うし	うし	猿	孔雀	孔雀	ビーバー	ビーバー
27	うし	猿	いぬ	うし	うし	猿	猿	孔雀	ビーバー	ビーバー	イルカ	イルカ
28	猿	孔雀	うし	猿	猿	孔雀	孔雀	ビーバー	イルカ	イルカ	ぞう	ぞう
29	孔雀		猿	孔雀	孔雀	ビーバー	ビーバー	イルカ	ぞう	ぞう	うさぎ	うさぎ
30	ビーバー		孔雀	ビーバー	ビーバー	イルカ	イルカ	ぞう	うさぎ	うさぎ	ライオン	ライオン
31	イルカ		ビーバー		イルカ		ぞう	うさぎ		ライオン		ヘビ

8番

	1月	2月	3月	4月	5月	6月	7月	8月	9月	10月	11月	12月
1	いぬ	うし	ヘビ	いぬ	いぬ	うし	うし	猿	孔雀	孔雀	ビーバー	ビーバー
2	うし	猿	いぬ	うし	うし	猿	猿	孔雀	ビーバー	ビーバー	イルカ	イルカ
3	猿	孔雀	うし	猿	猿	孔雀	孔雀	ビーバー	イルカ	イルカ	ぞう	ぞう
4	孔雀	ビーバー	猿	孔雀	孔雀	ビーバー	ビーバー	イルカ	ぞう	ぞう	うさぎ	うさぎ
5	ビーバー	イルカ	孔雀	ビーバー	ビーバー	イルカ	イルカ	ぞう	うさぎ	うさぎ	ライオン	ライオン
6	イルカ	ぞう	ビーバー	イルカ	イルカ	ぞう	ぞう	うさぎ	ライオン	ライオン	ヘビ	ヘビ
7	ぞう	うさぎ	イルカ	ぞう	ぞう	うさぎ	うさぎ	ライオン	ヘビ	ヘビ	いぬ	いぬ
8	うさぎ	ライオン	ぞう	うさぎ	うさぎ	ライオン	ライオン	ヘビ	いぬ	いぬ	うし	うし
9	ライオン	ヘビ	うさぎ	ライオン	ライオン	ヘビ	ヘビ	いぬ	うし	うし	猿	猿
10	ヘビ	いぬ	ライオン	ヘビ	ヘビ	いぬ	いぬ	うし	猿	猿	孔雀	孔雀
11	いぬ	うし	ヘビ	いぬ	いぬ	うし	うし	猿	孔雀	孔雀	ビーバー	ビーバー
12	うし	猿	いぬ	うし	うし	猿	猿	孔雀	ビーバー	ビーバー	イルカ	イルカ
13	猿	孔雀	うし	猿	猿	孔雀	孔雀	ビーバー	イルカ	イルカ	ぞう	ぞう
14	孔雀	ビーバー	猿	孔雀	孔雀	ビーバー	ビーバー	イルカ	ぞう	ぞう	うさぎ	うさぎ
15	ビーバー	イルカ	孔雀	ビーバー	ビーバー	イルカ	イルカ	ぞう	うさぎ	うさぎ	ライオン	ライオン
16	イルカ	ぞう	ビーバー	イルカ	イルカ	ぞう	ぞう	うさぎ	ライオン	ライオン	ヘビ	ヘビ
17	ぞう	うさぎ	イルカ	ぞう	ぞう	うさぎ	うさぎ	ライオン	ヘビ	ヘビ	いぬ	いぬ
18	うさぎ	ライオン	ぞう	うさぎ	うさぎ	ライオン	ライオン	ヘビ	いぬ	いぬ	うし	うし
19	ライオン	ヘビ	うさぎ	ライオン	ライオン	ヘビ	ヘビ	いぬ	うし	うし	猿	猿
20	ヘビ	いぬ	ライオン	ヘビ	ヘビ	いぬ	いぬ	うし	猿	猿	孔雀	孔雀
21	いぬ	うし	ヘビ	いぬ	いぬ	うし	うし	猿	孔雀	孔雀	ビーバー	ビーバー
22	うし	猿	いぬ	うし	うし	猿	猿	孔雀	ビーバー	ビーバー	イルカ	イルカ
23	猿	孔雀	うし	猿	猿	孔雀	孔雀	ビーバー	イルカ	イルカ	ぞう	ぞう
24	孔雀	ビーバー	猿	孔雀	孔雀	ビーバー	ビーバー	イルカ	ぞう	ぞう	うさぎ	うさぎ
25	ビーバー	イルカ	孔雀	ビーバー	ビーバー	イルカ	イルカ	ぞう	うさぎ	うさぎ	ライオン	ライオン
26	イルカ	ぞう	ビーバー	イルカ	イルカ	ぞう	ぞう	うさぎ	ライオン	ライオン	ヘビ	ヘビ
27	ぞう	うさぎ	イルカ	ぞう	ぞう	うさぎ	うさぎ	ライオン	ヘビ	ヘビ	いぬ	いぬ
28	うさぎ	ライオン	ぞう	うさぎ	うさぎ	ライオン	ライオン	ヘビ	いぬ	いぬ	うし	うし
29	ライオン		うさぎ	ライオン	ライオン	ヘビ	ヘビ	いぬ	うし	うし	猿	猿
30	ヘビ		ライオン	ヘビ	ヘビ	いぬ	いぬ	うし	猿	猿	孔雀	孔雀
31	いぬ		ヘビ		いぬ		うし	猿		孔雀		ビーバー

9番

	1月	2月	3月	4月	5月	6月	7月	8月	9月	10月	11月	12月
1	ぞう	うさぎ	イルカ	ぞう	ぞう	うさぎ	うさぎ	ライオン	ヘビ	ヘビ	いぬ	いぬ
2	うさぎ	ライオン	ぞう	うさぎ	うさぎ	ライオン	ライオン	ヘビ	いぬ	いぬ	うし	うし
3	ライオン	ヘビ	うさぎ	ライオン	ライオン	ヘビ	ヘビ	いぬ	うし	うし	猿	猿
4	ヘビ	いぬ	ライオン	ヘビ	ヘビ	いぬ	いぬ	うし	猿	猿	孔雀	孔雀
5	いぬ	うし	ヘビ	いぬ	いぬ	うし	うし	猿	孔雀	孔雀	ビーバー	ビーバー
6	うし	猿	いぬ	うし	うし	猿	猿	孔雀	ビーバー	ビーバー	イルカ	イルカ
7	猿	孔雀	うし	猿	猿	孔雀	孔雀	ビーバー	イルカ	イルカ	ぞう	ぞう
8	孔雀	ビーバー	猿	孔雀	孔雀	ビーバー	ビーバー	イルカ	ぞう	ぞう	うさぎ	うさぎ
9	ビーバー	イルカ	孔雀	ビーバー	ビーバー	イルカ	イルカ	ぞう	うさぎ	うさぎ	ライオン	ライオン
10	イルカ	ぞう	ビーバー	イルカ	イルカ	ぞう	ぞう	うさぎ	ライオン	ライオン	ヘビ	ヘビ
11	ぞう	うさぎ	イルカ	ぞう	ぞう	うさぎ	うさぎ	ライオン	ヘビ	ヘビ	いぬ	いぬ
12	うさぎ	ライオン	ぞう	うさぎ	うさぎ	ライオン	ライオン	ヘビ	いぬ	いぬ	うし	うし
13	ライオン	ヘビ	うさぎ	ライオン	ライオン	ヘビ	ヘビ	いぬ	うし	うし	猿	猿
14	ヘビ	いぬ	ライオン	ヘビ	ヘビ	いぬ	いぬ	うし	猿	猿	孔雀	孔雀
15	いぬ	うし	ヘビ	いぬ	いぬ	うし	うし	猿	孔雀	孔雀	ビーバー	ビーバー
16	うし	猿	いぬ	うし	うし	猿	猿	孔雀	ビーバー	ビーバー	イルカ	イルカ
17	猿	孔雀	うし	猿	猿	孔雀	孔雀	ビーバー	イルカ	イルカ	ぞう	ぞう
18	孔雀	ビーバー	猿	孔雀	孔雀	ビーバー	ビーバー	イルカ	ぞう	ぞう	うさぎ	うさぎ
19	ビーバー	イルカ	孔雀	ビーバー	ビーバー	イルカ	イルカ	ぞう	うさぎ	うさぎ	ライオン	ライオン
20	イルカ	ぞう	ビーバー	イルカ	イルカ	ぞう	ぞう	うさぎ	ライオン	ライオン	ヘビ	ヘビ
21	ぞう	うさぎ	イルカ	ぞう	ぞう	うさぎ	うさぎ	ライオン	ヘビ	ヘビ	いぬ	いぬ
22	うさぎ	ライオン	ぞう	うさぎ	うさぎ	ライオン	ライオン	ヘビ	いぬ	いぬ	うし	うし
23	ライオン	ヘビ	うさぎ	ライオン	ライオン	ヘビ	ヘビ	いぬ	うし	うし	猿	猿
24	ヘビ	いぬ	ライオン	ヘビ	ヘビ	いぬ	いぬ	うし	猿	猿	孔雀	孔雀
25	いぬ	うし	ヘビ	いぬ	いぬ	うし	うし	猿	孔雀	孔雀	ビーバー	ビーバー
26	うし	猿	いぬ	うし	うし	猿	猿	孔雀	ビーバー	ビーバー	イルカ	イルカ
27	猿	孔雀	うし	猿	猿	孔雀	孔雀	ビーバー	イルカ	イルカ	ぞう	ぞう
28	孔雀	ビーバー	猿	孔雀	孔雀	ビーバー	ビーバー	イルカ	ぞう	ぞう	うさぎ	うさぎ
29	ビーバー		孔雀	ビーバー	ビーバー	イルカ	イルカ	ぞう	うさぎ	うさぎ	ライオン	ライオン
30	イルカ		ビーバー	イルカ	イルカ	ぞう	ぞう	うさぎ	ライオン	ライオン	ヘビ	ヘビ
31	ぞう		イルカ		ぞう		うさぎ	ライオン		ヘビ		いぬ

10番

	1月	2月	3月	4月	5月	6月	7月	8月	9月	10月	11月	12月
1	うし	猿	いぬ	うし	うし	猿	猿	孔雀	ビーバー	ビーバー	イルカ	イルカ
2	猿	孔雀	うし	猿	猿	孔雀	孔雀	ビーバー	イルカ	イルカ	ぞう	ぞう
3	孔雀	ビーバー	猿	孔雀	孔雀	ビーバー	ビーバー	イルカ	ぞう	ぞう	うさぎ	うさぎ
4	ビーバー	イルカ	孔雀	ビーバー	ビーバー	イルカ	イルカ	ぞう	うさぎ	うさぎ	ライオン	ライオン
5	イルカ	ぞう	ビーバー	イルカ	イルカ	ぞう	ぞう	うさぎ	ライオン	ライオン	ヘビ	ヘビ
6	ぞう	うさぎ	イルカ	ぞう	ぞう	うさぎ	うさぎ	ライオン	ヘビ	ヘビ	いぬ	いぬ
7	うさぎ	ライオン	ぞう	うさぎ	うさぎ	ライオン	ライオン	ヘビ	いぬ	いぬ	うし	うし
8	ライオン	ヘビ	うさぎ	ライオン	ライオン	ヘビ	ヘビ	いぬ	うし	うし	猿	猿
9	ヘビ	いぬ	ライオン	ヘビ	ヘビ	いぬ	いぬ	うし	猿	猿	孔雀	孔雀
10	いぬ	うし	ヘビ	いぬ	いぬ	うし	うし	猿	孔雀	孔雀	ビーバー	ビーバー
11	うし	猿	いぬ	うし	うし	猿	猿	孔雀	ビーバー	ビーバー	イルカ	イルカ
12	猿	孔雀	うし	猿	猿	孔雀	孔雀	ビーバー	イルカ	イルカ	ぞう	ぞう
13	孔雀	ビーバー	猿	孔雀	孔雀	ビーバー	ビーバー	イルカ	ぞう	ぞう	うさぎ	うさぎ
14	ビーバー	イルカ	孔雀	ビーバー	ビーバー	イルカ	イルカ	ぞう	うさぎ	うさぎ	ライオン	ライオン
15	イルカ	ぞう	ビーバー	イルカ	イルカ	ぞう	ぞう	うさぎ	ライオン	ライオン	ヘビ	ヘビ
16	ぞう	うさぎ	イルカ	ぞう	ぞう	うさぎ	うさぎ	ライオン	ヘビ	ヘビ	いぬ	いぬ
17	うさぎ	ライオン	ぞう	うさぎ	うさぎ	ライオン	ライオン	ヘビ	いぬ	いぬ	うし	うし
18	ライオン	ヘビ	うさぎ	ライオン	ライオン	ヘビ	ヘビ	いぬ	うし	うし	猿	猿
19	ヘビ	いぬ	ライオン	ヘビ	ヘビ	いぬ	いぬ	うし	猿	猿	孔雀	孔雀
20	いぬ	うし	ヘビ	いぬ	いぬ	うし	うし	猿	孔雀	孔雀	ビーバー	ビーバー
21	うし	猿	いぬ	うし	うし	猿	猿	孔雀	ビーバー	ビーバー	イルカ	イルカ
22	猿	孔雀	うし	猿	猿	孔雀	孔雀	ビーバー	イルカ	イルカ	ぞう	ぞう
23	孔雀	ビーバー	猿	孔雀	孔雀	ビーバー	ビーバー	イルカ	ぞう	ぞう	うさぎ	うさぎ
24	ビーバー	イルカ	孔雀	ビーバー	ビーバー	イルカ	イルカ	ぞう	うさぎ	うさぎ	ライオン	ライオン
25	イルカ	ぞう	ビーバー	イルカ	イルカ	ぞう	ぞう	うさぎ	ライオン	ライオン	ヘビ	ヘビ
26	ぞう	うさぎ	イルカ	ぞう	ぞう	うさぎ	うさぎ	ライオン	ヘビ	ヘビ	いぬ	いぬ
27	うさぎ	ライオン	ぞう	うさぎ	うさぎ	ライオン	ライオン	ヘビ	いぬ	いぬ	うし	うし
28	ライオン	ヘビ	うさぎ	ライオン	ライオン	ヘビ	ヘビ	いぬ	うし	うし	猿	猿
29	ヘビ		ライオン	ヘビ	ヘビ	いぬ	いぬ	うし	猿	猿	孔雀	孔雀
30	いぬ		ヘビ	いぬ	いぬ	うし	うし	猿	孔雀	孔雀	ビーバー	ビーバー
31	うし		いぬ		うし		猿	孔雀		ビーバー		イルカ

11番

	1月	2月	3月	4月	5月	6月	7月	8月	9月	10月	11月	12月
1	うさぎ	ライオン	うさぎ	ライオン	ライオン	ヘビ	ヘビ	いぬ	うし	うし	猿	猿
2	ライオン	ヘビ	ライオン	ヘビ	ヘビ	いぬ	いぬ	うし	猿	猿	孔雀	孔雀
3	ヘビ	いぬ	ヘビ	いぬ	いぬ	うし	うし	猿	孔雀	孔雀	ビーバー	ビーバー
4	いぬ	うし	いぬ	うし	うし	猿	猿	孔雀	ビーバー	ビーバー	イルカ	イルカ
5	うし	猿	うし	猿	猿	孔雀	孔雀	ビーバー	イルカ	イルカ	ぞう	ぞう
6	猿	孔雀	猿	孔雀	孔雀	ビーバー	ビーバー	イルカ	ぞう	ぞう	うさぎ	うさぎ
7	孔雀	ビーバー	孔雀	ビーバー	ビーバー	イルカ	イルカ	ぞう	うさぎ	うさぎ	ライオン	ライオン
8	ビーバー	イルカ	ビーバー	イルカ	イルカ	ぞう	ぞう	うさぎ	ライオン	ライオン	ヘビ	ヘビ
9	イルカ	ぞう	イルカ	ぞう	ぞう	うさぎ	うさぎ	ライオン	ヘビ	ヘビ	いぬ	いぬ
10	ぞう	うさぎ	ぞう	うさぎ	うさぎ	ライオン	ライオン	ヘビ	いぬ	いぬ	うし	うし
11	うさぎ	ライオン	うさぎ	ライオン	ライオン	ヘビ	ヘビ	いぬ	うし	うし	猿	猿
12	ライオン	ヘビ	ライオン	ヘビ	ヘビ	いぬ	いぬ	うし	猿	猿	孔雀	孔雀
13	ヘビ	いぬ	ヘビ	いぬ	いぬ	うし	うし	猿	孔雀	孔雀	ビーバー	ビーバー
14	いぬ	うし	いぬ	うし	うし	猿	猿	孔雀	ビーバー	ビーバー	イルカ	イルカ
15	うし	猿	うし	猿	猿	孔雀	孔雀	ビーバー	イルカ	イルカ	ぞう	ぞう
16	猿	孔雀	猿	孔雀	孔雀	ビーバー	ビーバー	イルカ	ぞう	ぞう	うさぎ	うさぎ
17	孔雀	ビーバー	孔雀	ビーバー	ビーバー	イルカ	イルカ	ぞう	うさぎ	うさぎ	ライオン	ライオン
18	ビーバー	イルカ	ビーバー	イルカ	イルカ	ぞう	ぞう	うさぎ	ライオン	ライオン	ヘビ	ヘビ
19	イルカ	ぞう	イルカ	ぞう	ぞう	うさぎ	うさぎ	ライオン	ヘビ	ヘビ	いぬ	いぬ
20	ぞう	うさぎ	ぞう	うさぎ	うさぎ	ライオン	ライオン	ヘビ	いぬ	いぬ	うし	うし
21	うさぎ	ライオン	うさぎ	ライオン	ライオン	ヘビ	ヘビ	いぬ	うし	うし	猿	猿
22	ライオン	ヘビ	ライオン	ヘビ	ヘビ	いぬ	いぬ	うし	猿	猿	孔雀	孔雀
23	ヘビ	いぬ	ヘビ	いぬ	いぬ	うし	うし	猿	孔雀	孔雀	ビーバー	ビーバー
24	いぬ	うし	いぬ	うし	うし	猿	猿	孔雀	ビーバー	ビーバー	イルカ	イルカ
25	うし	猿	うし	猿	猿	孔雀	孔雀	ビーバー	イルカ	イルカ	ぞう	ぞう
26	猿	孔雀	猿	孔雀	孔雀	ビーバー	ビーバー	イルカ	ぞう	ぞう	うさぎ	うさぎ
27	孔雀	ビーバー	孔雀	ビーバー	ビーバー	イルカ	イルカ	ぞう	うさぎ	うさぎ	ライオン	ライオン
28	ビーバー	イルカ	ビーバー	イルカ	イルカ	ぞう	ぞう	うさぎ	ライオン	ライオン	ヘビ	ヘビ
29	イルカ	ぞう	イルカ	ぞう	ぞう	うさぎ	うさぎ	ライオン	ヘビ	ヘビ	いぬ	いぬ
30	ぞう		ぞう	うさぎ	うさぎ	ライオン	ライオン	ヘビ	いぬ	いぬ	うし	うし
31	うさぎ		うさぎ		ライオン		ヘビ	いぬ		うし		猿

12番

	1月	2月	3月	4月	5月	6月	7月	8月	9月	10月	11月	12月
1	ライオン	ヘビ	ライオン	ヘビ	ヘビ	いぬ	いぬ	うし	猿	猿	孔雀	孔雀
2	ヘビ	いぬ	ヘビ	いぬ	いぬ	うし	うし	猿	孔雀	孔雀	ビーバー	ビーバー
3	いぬ	うし	いぬ	うし	うし	猿	猿	孔雀	ビーバー	ビーバー	イルカ	イルカ
4	うし	猿	うし	猿	猿	孔雀	孔雀	ビーバー	イルカ	イルカ	ぞう	ぞう
5	猿	孔雀	猿	孔雀	孔雀	ビーバー	ビーバー	イルカ	ぞう	ぞう	うさぎ	うさぎ
6	孔雀	ビーバー	孔雀	ビーバー	ビーバー	イルカ	イルカ	ぞう	うさぎ	うさぎ	ライオン	ライオン
7	ビーバー	イルカ	ビーバー	イルカ	イルカ	ぞう	ぞう	うさぎ	ライオン	ライオン	ヘビ	ヘビ
8	イルカ	ぞう	イルカ	ぞう	ぞう	うさぎ	うさぎ	ライオン	ヘビ	ヘビ	いぬ	いぬ
9	ぞう	うさぎ	ぞう	うさぎ	うさぎ	ライオン	ライオン	ヘビ	いぬ	いぬ	うし	うし
10	うさぎ	ライオン	うさぎ	ライオン	ライオン	ヘビ	ヘビ	いぬ	うし	うし	猿	猿
11	ライオン	ヘビ	ライオン	ヘビ	ヘビ	いぬ	いぬ	うし	猿	猿	孔雀	孔雀
12	ヘビ	いぬ	ヘビ	いぬ	いぬ	うし	うし	猿	孔雀	孔雀	ビーバー	ビーバー
13	いぬ	うし	いぬ	うし	うし	猿	猿	孔雀	ビーバー	ビーバー	イルカ	イルカ
14	うし	猿	うし	猿	猿	孔雀	孔雀	ビーバー	イルカ	イルカ	ぞう	ぞう
15	猿	孔雀	猿	孔雀	孔雀	ビーバー	ビーバー	イルカ	ぞう	ぞう	うさぎ	うさぎ
16	孔雀	ビーバー	孔雀	ビーバー	ビーバー	イルカ	イルカ	ぞう	うさぎ	うさぎ	ライオン	ライオン
17	ビーバー	イルカ	ビーバー	イルカ	イルカ	ぞう	ぞう	うさぎ	ライオン	ライオン	ヘビ	ヘビ
18	イルカ	ぞう	イルカ	ぞう	ぞう	うさぎ	うさぎ	ライオン	ヘビ	ヘビ	いぬ	いぬ
19	ぞう	うさぎ	ぞう	うさぎ	うさぎ	ライオン	ライオン	ヘビ	いぬ	いぬ	うし	うし
20	うさぎ	ライオン	うさぎ	ライオン	ライオン	ヘビ	ヘビ	いぬ	うし	うし	猿	猿
21	ライオン	ヘビ	ライオン	ヘビ	ヘビ	いぬ	いぬ	うし	猿	猿	孔雀	孔雀
22	ヘビ	いぬ	ヘビ	いぬ	いぬ	うし	うし	猿	孔雀	孔雀	ビーバー	ビーバー
23	いぬ	うし	いぬ	うし	うし	猿	猿	孔雀	ビーバー	ビーバー	イルカ	イルカ
24	うし	猿	うし	猿	猿	孔雀	孔雀	ビーバー	イルカ	イルカ	ぞう	ぞう
25	猿	孔雀	猿	孔雀	孔雀	ビーバー	ビーバー	イルカ	ぞう	ぞう	うさぎ	うさぎ
26	孔雀	ビーバー	孔雀	ビーバー	ビーバー	イルカ	イルカ	ぞう	うさぎ	うさぎ	ライオン	ライオン
27	ビーバー	イルカ	ビーバー	イルカ	イルカ	ぞう	ぞう	うさぎ	ライオン	ライオン	ヘビ	ヘビ
28	イルカ	ぞう	イルカ	ぞう	ぞう	うさぎ	うさぎ	ライオン	ヘビ	ヘビ	いぬ	いぬ
29	ぞう	うさぎ	ぞう	うさぎ	うさぎ	ライオン	ライオン	ヘビ	いぬ	いぬ	うし	うし
30	うさぎ		うさぎ	ライオン	ライオン	ヘビ	ヘビ	いぬ	うし	うし	猿	猿
31	ライオン		ライオン		ヘビ		いぬ	うし		猿		孔雀

13番

	1月	2月	3月	4月	5月	6月	7月	8月	9月	10月	11月	12月
1	ヘビ	いぬ	ヘビ	いぬ	いぬ	うし	うし	猿	孔雀	孔雀	ビーバー	ビーバー
2	いぬ	うし	いぬ	うし	うし	猿	猿	孔雀	ビーバー	ビーバー	イルカ	イルカ
3	うし	猿	うし	猿	猿	孔雀	孔雀	ビーバー	イルカ	イルカ	ぞう	ぞう
4	猿	孔雀	猿	孔雀	孔雀	ビーバー	ビーバー	イルカ	ぞう	ぞう	うさぎ	うさぎ
5	孔雀	ビーバー	孔雀	ビーバー	ビーバー	イルカ	イルカ	ぞう	うさぎ	うさぎ	ライオン	ライオン
6	ビーバー	イルカ	ビーバー	イルカ	イルカ	ぞう	ぞう	うさぎ	ライオン	ライオン	ヘビ	ヘビ
7	イルカ	ぞう	イルカ	ぞう	ぞう	うさぎ	うさぎ	ライオン	ヘビ	ヘビ	いぬ	いぬ
8	ぞう	うさぎ	ぞう	うさぎ	うさぎ	ライオン	ライオン	ヘビ	いぬ	いぬ	うし	うし
9	うさぎ	ライオン	うさぎ	ライオン	ライオン	ヘビ	ヘビ	いぬ	うし	うし	猿	猿
10	ライオン	ヘビ	ライオン	ヘビ	ヘビ	いぬ	いぬ	うし	猿	猿	孔雀	孔雀
11	ヘビ	いぬ	ヘビ	いぬ	いぬ	うし	うし	猿	孔雀	孔雀	ビーバー	ビーバー
12	いぬ	うし	いぬ	うし	うし	猿	猿	孔雀	ビーバー	ビーバー	イルカ	イルカ
13	うし	猿	うし	猿	猿	孔雀	孔雀	ビーバー	イルカ	イルカ	ぞう	ぞう
14	猿	孔雀	猿	孔雀	孔雀	ビーバー	ビーバー	イルカ	ぞう	ぞう	うさぎ	うさぎ
15	孔雀	ビーバー	孔雀	ビーバー	ビーバー	イルカ	イルカ	ぞう	うさぎ	うさぎ	ライオン	ライオン
16	ビーバー	イルカ	ビーバー	イルカ	イルカ	ぞう	ぞう	うさぎ	ライオン	ライオン	ヘビ	ヘビ
17	イルカ	ぞう	イルカ	ぞう	ぞう	うさぎ	うさぎ	ライオン	ヘビ	ヘビ	いぬ	いぬ
18	ぞう	うさぎ	ぞう	うさぎ	うさぎ	ライオン	ライオン	ヘビ	いぬ	いぬ	うし	うし
19	うさぎ	ライオン	うさぎ	ライオン	ライオン	ヘビ	ヘビ	いぬ	うし	うし	猿	猿
20	ライオン	ヘビ	ライオン	ヘビ	ヘビ	いぬ	いぬ	うし	猿	猿	孔雀	孔雀
21	ヘビ	いぬ	ヘビ	いぬ	いぬ	うし	うし	猿	孔雀	孔雀	ビーバー	ビーバー
22	いぬ	うし	いぬ	うし	うし	猿	猿	孔雀	ビーバー	ビーバー	イルカ	イルカ
23	うし	猿	うし	猿	猿	孔雀	孔雀	ビーバー	イルカ	イルカ	ぞう	ぞう
24	猿	孔雀	猿	孔雀	孔雀	ビーバー	ビーバー	イルカ	ぞう	ぞう	うさぎ	うさぎ
25	孔雀	ビーバー	孔雀	ビーバー	ビーバー	イルカ	イルカ	ぞう	うさぎ	うさぎ	ライオン	ライオン
26	ビーバー	イルカ	ビーバー	イルカ	イルカ	ぞう	ぞう	うさぎ	ライオン	ライオン	ヘビ	ヘビ
27	イルカ	ぞう	イルカ	ぞう	ぞう	うさぎ	うさぎ	ライオン	ヘビ	ヘビ	いぬ	いぬ
28	ぞう	うさぎ	ぞう	うさぎ	うさぎ	ライオン	ライオン	ヘビ	いぬ	いぬ	うし	うし
29	うさぎ	ライオン	うさぎ	ライオン	ライオン	ヘビ	ヘビ	いぬ	うし	うし	猿	猿
30	ライオン		ライオン	ヘビ	ヘビ	いぬ	いぬ	うし	猿	猿	孔雀	孔雀
31	ヘビ		ヘビ		いぬ		うし	猿		孔雀		ビーバー

14番

	1月	2月	3月	4月	5月	6月	7月	8月	9月	10月	11月	12月
1	いぬ	うし	いぬ	うし	うし	猿	猿	孔雀	ビーバー	ビーバー	イルカ	イルカ
2	うし	猿	うし	猿	猿	孔雀	孔雀	ビーバー	イルカ	イルカ	ぞう	ぞう
3	猿	孔雀	猿	孔雀	孔雀	ビーバー	ビーバー	イルカ	ぞう	ぞう	うさぎ	うさぎ
4	孔雀	ビーバー	孔雀	ビーバー	ビーバー	イルカ	イルカ	ぞう	うさぎ	うさぎ	ライオン	ライオン
5	ビーバー	イルカ	ビーバー	イルカ	イルカ	ぞう	ぞう	うさぎ	ライオン	ライオン	ヘビ	ヘビ
6	イルカ	ぞう	イルカ	ぞう	ぞう	うさぎ	うさぎ	ライオン	ヘビ	ヘビ	いぬ	いぬ
7	ぞう	うさぎ	ぞう	うさぎ	うさぎ	ライオン	ライオン	ヘビ	いぬ	いぬ	うし	うし
8	うさぎ	ライオン	うさぎ	ライオン	ライオン	ヘビ	ヘビ	いぬ	うし	うし	猿	猿
9	ライオン	ヘビ	ライオン	ヘビ	ヘビ	いぬ	いぬ	うし	猿	猿	孔雀	孔雀
10	ヘビ	いぬ	ヘビ	いぬ	いぬ	うし	うし	猿	孔雀	孔雀	ビーバー	ビーバー
11	いぬ	うし	いぬ	うし	うし	猿	猿	孔雀	ビーバー	ビーバー	イルカ	イルカ
12	うし	猿	うし	猿	猿	孔雀	孔雀	ビーバー	イルカ	イルカ	ぞう	ぞう
13	猿	孔雀	猿	孔雀	孔雀	ビーバー	ビーバー	イルカ	ぞう	ぞう	うさぎ	うさぎ
14	孔雀	ビーバー	孔雀	ビーバー	ビーバー	イルカ	イルカ	ぞう	うさぎ	うさぎ	ライオン	ライオン
15	ビーバー	イルカ	ビーバー	イルカ	イルカ	ぞう	ぞう	うさぎ	ライオン	ライオン	ヘビ	ヘビ
16	イルカ	ぞう	イルカ	ぞう	ぞう	うさぎ	うさぎ	ライオン	ヘビ	ヘビ	いぬ	いぬ
17	ぞう	うさぎ	ぞう	うさぎ	うさぎ	ライオン	ライオン	ヘビ	いぬ	いぬ	うし	うし
18	うさぎ	ライオン	うさぎ	ライオン	ライオン	ヘビ	ヘビ	いぬ	うし	うし	猿	猿
19	ライオン	ヘビ	ライオン	ヘビ	ヘビ	いぬ	いぬ	うし	猿	猿	孔雀	孔雀
20	ヘビ	いぬ	ヘビ	いぬ	いぬ	うし	うし	猿	孔雀	孔雀	ビーバー	ビーバー
21	いぬ	うし	いぬ	うし	うし	猿	猿	孔雀	ビーバー	ビーバー	イルカ	イルカ
22	うし	猿	うし	猿	猿	孔雀	孔雀	ビーバー	イルカ	イルカ	ぞう	ぞう
23	猿	孔雀	猿	孔雀	孔雀	ビーバー	ビーバー	イルカ	ぞう	ぞう	うさぎ	うさぎ
24	孔雀	ビーバー	孔雀	ビーバー	ビーバー	イルカ	イルカ	ぞう	うさぎ	うさぎ	ライオン	ライオン
25	ビーバー	イルカ	ビーバー	イルカ	イルカ	ぞう	ぞう	うさぎ	ライオン	ライオン	ヘビ	ヘビ
26	イルカ	ぞう	イルカ	ぞう	ぞう	うさぎ	うさぎ	ライオン	ヘビ	ヘビ	いぬ	いぬ
27	ぞう	うさぎ	ぞう	うさぎ	うさぎ	ライオン	ライオン	ヘビ	いぬ	いぬ	うし	うし
28	うさぎ	ライオン	うさぎ	ライオン	ライオン	ヘビ	ヘビ	いぬ	うし	うし	猿	猿
29	ライオン	ヘビ	ライオン	ヘビ	ヘビ	いぬ	いぬ	うし	猿	猿	孔雀	孔雀
30	ヘビ		ヘビ	いぬ	いぬ	うし	うし	猿	孔雀	孔雀	ビーバー	ビーバー
31	いぬ		いぬ		うし		猿	孔雀		ビーバー		イルカ

15番

	1月	2月	3月	4月	5月	6月	7月	8月	9月	10月	11月	12月
1	うし	猿	うし	猿	猿	孔雀	孔雀	ビーバー	イルカ	イルカ	ぞう	ぞう
2	猿	孔雀	猿	孔雀	孔雀	ビーバー	ビーバー	イルカ	ぞう	ぞう	うさぎ	うさぎ
3	孔雀	ビーバー	孔雀	ビーバー	ビーバー	イルカ	イルカ	ぞう	うさぎ	うさぎ	ライオン	ライオン
4	ビーバー	イルカ	ビーバー	イルカ	イルカ	ぞう	ぞう	うさぎ	ライオン	ライオン	ヘビ	ヘビ
5	イルカ	ぞう	イルカ	ぞう	ぞう	うさぎ	うさぎ	ライオン	ヘビ	ヘビ	いぬ	いぬ
6	ぞう	うさぎ	ぞう	うさぎ	うさぎ	ライオン	ライオン	ヘビ	いぬ	いぬ	うし	うし
7	うさぎ	ライオン	うさぎ	ライオン	ライオン	ヘビ	ヘビ	いぬ	うし	うし	猿	猿
8	ライオン	ヘビ	ライオン	ヘビ	ヘビ	いぬ	いぬ	うし	猿	猿	孔雀	孔雀
9	ヘビ	いぬ	ヘビ	いぬ	いぬ	うし	うし	猿	孔雀	孔雀	ビーバー	ビーバー
10	いぬ	うし	いぬ	うし	うし	猿	猿	孔雀	ビーバー	ビーバー	イルカ	イルカ
11	うし	猿	うし	猿	猿	孔雀	孔雀	ビーバー	イルカ	イルカ	ぞう	ぞう
12	猿	孔雀	猿	孔雀	孔雀	ビーバー	ビーバー	イルカ	ぞう	ぞう	うさぎ	うさぎ
13	孔雀	ビーバー	孔雀	ビーバー	ビーバー	イルカ	イルカ	ぞう	うさぎ	うさぎ	ライオン	ライオン
14	ビーバー	イルカ	ビーバー	イルカ	イルカ	ぞう	ぞう	うさぎ	ライオン	ライオン	ヘビ	ヘビ
15	イルカ	ぞう	イルカ	ぞう	ぞう	うさぎ	うさぎ	ライオン	ヘビ	ヘビ	いぬ	いぬ
16	ぞう	うさぎ	ぞう	うさぎ	うさぎ	ライオン	ライオン	ヘビ	いぬ	いぬ	うし	うし
17	うさぎ	ライオン	うさぎ	ライオン	ライオン	ヘビ	ヘビ	いぬ	うし	うし	猿	猿
18	ライオン	ヘビ	ライオン	ヘビ	ヘビ	いぬ	いぬ	うし	猿	猿	孔雀	孔雀
19	ヘビ	いぬ	ヘビ	いぬ	いぬ	うし	うし	猿	孔雀	孔雀	ビーバー	ビーバー
20	いぬ	うし	いぬ	うし	うし	猿	猿	孔雀	ビーバー	ビーバー	イルカ	イルカ
21	うし	猿	うし	猿	猿	孔雀	孔雀	ビーバー	イルカ	イルカ	ぞう	ぞう
22	猿	孔雀	猿	孔雀	孔雀	ビーバー	ビーバー	イルカ	ぞう	ぞう	うさぎ	うさぎ
23	孔雀	ビーバー	孔雀	ビーバー	ビーバー	イルカ	イルカ	ぞう	うさぎ	うさぎ	ライオン	ライオン
24	ビーバー	イルカ	ビーバー	イルカ	イルカ	ぞう	ぞう	うさぎ	ライオン	ライオン	ヘビ	ヘビ
25	イルカ	ぞう	イルカ	ぞう	ぞう	うさぎ	うさぎ	ライオン	ヘビ	ヘビ	いぬ	いぬ
26	ぞう	うさぎ	ぞう	うさぎ	うさぎ	ライオン	ライオン	ヘビ	いぬ	いぬ	うし	うし
27	うさぎ	ライオン	うさぎ	ライオン	ライオン	ヘビ	ヘビ	いぬ	うし	うし	猿	猿
28	ライオン	ヘビ	ライオン	ヘビ	ヘビ	いぬ	いぬ	うし	猿	猿	孔雀	孔雀
29	ヘビ	いぬ	ヘビ	いぬ	いぬ	うし	うし	猿	孔雀	孔雀	ビーバー	ビーバー
30	いぬ		いぬ	うし	うし	猿	猿	孔雀	ビーバー	ビーバー	イルカ	イルカ
31	うし		うし		猿		孔雀	ビーバー		イルカ		ぞう

16番

	1月	2月	3月	4月	5月	6月	7月	8月	9月	10月	11月	12月
1	猿	孔雀	猿	孔雀	孔雀	ビーバー	ビーバー	イルカ	ぞう	ぞう	うさぎ	うさぎ
2	孔雀	ビーバー	孔雀	ビーバー	ビーバー	イルカ	イルカ	ぞう	うさぎ	うさぎ	ライオン	ライオン
3	ビーバー	イルカ	ビーバー	イルカ	イルカ	ぞう	ぞう	うさぎ	ライオン	ライオン	ヘビ	ヘビ
4	イルカ	ぞう	イルカ	ぞう	ぞう	うさぎ	うさぎ	ライオン	ヘビ	ヘビ	いぬ	いぬ
5	ぞう	うさぎ	ぞう	うさぎ	うさぎ	ライオン	ライオン	ヘビ	いぬ	いぬ	うし	うし
6	うさぎ	ライオン	うさぎ	ライオン	ライオン	ヘビ	ヘビ	いぬ	うし	うし	猿	猿
7	ライオン	ヘビ	ライオン	ヘビ	ヘビ	いぬ	いぬ	うし	猿	猿	孔雀	孔雀
8	ヘビ	いぬ	ヘビ	いぬ	いぬ	うし	うし	猿	孔雀	孔雀	ビーバー	ビーバー
9	いぬ	うし	いぬ	うし	うし	猿	猿	孔雀	ビーバー	ビーバー	イルカ	イルカ
10	うし	猿	うし	猿	猿	孔雀	孔雀	ビーバー	イルカ	イルカ	ぞう	ぞう
11	猿	孔雀	猿	孔雀	孔雀	ビーバー	ビーバー	イルカ	ぞう	ぞう	うさぎ	うさぎ
12	孔雀	ビーバー	孔雀	ビーバー	ビーバー	イルカ	イルカ	ぞう	うさぎ	うさぎ	ライオン	ライオン
13	ビーバー	イルカ	ビーバー	イルカ	イルカ	ぞう	ぞう	うさぎ	ライオン	ライオン	ヘビ	ヘビ
14	イルカ	ぞう	イルカ	ぞう	ぞう	うさぎ	うさぎ	ライオン	ヘビ	ヘビ	いぬ	いぬ
15	ぞう	うさぎ	ぞう	うさぎ	うさぎ	ライオン	ライオン	ヘビ	いぬ	いぬ	うし	うし
16	うさぎ	ライオン	うさぎ	ライオン	ライオン	ヘビ	ヘビ	いぬ	うし	うし	猿	猿
17	ライオン	ヘビ	ライオン	ヘビ	ヘビ	いぬ	いぬ	うし	猿	猿	孔雀	孔雀
18	ヘビ	いぬ	ヘビ	いぬ	いぬ	うし	うし	猿	孔雀	孔雀	ビーバー	ビーバー
19	いぬ	うし	いぬ	うし	うし	猿	猿	孔雀	ビーバー	ビーバー	イルカ	イルカ
20	うし	猿	うし	猿	猿	孔雀	孔雀	ビーバー	イルカ	イルカ	ぞう	ぞう
21	猿	孔雀	猿	孔雀	孔雀	ビーバー	ビーバー	イルカ	ぞう	ぞう	うさぎ	うさぎ
22	孔雀	ビーバー	孔雀	ビーバー	ビーバー	イルカ	イルカ	ぞう	うさぎ	うさぎ	ライオン	ライオン
23	ビーバー	イルカ	ビーバー	イルカ	イルカ	ぞう	ぞう	うさぎ	ライオン	ライオン	ヘビ	ヘビ
24	イルカ	ぞう	イルカ	ぞう	ぞう	うさぎ	うさぎ	ライオン	ヘビ	ヘビ	いぬ	いぬ
25	ぞう	うさぎ	ぞう	うさぎ	うさぎ	ライオン	ライオン	ヘビ	いぬ	いぬ	うし	うし
26	うさぎ	ライオン	うさぎ	ライオン	ライオン	ヘビ	ヘビ	いぬ	うし	うし	猿	猿
27	ライオン	ヘビ	ライオン	ヘビ	ヘビ	いぬ	いぬ	うし	猿	猿	孔雀	孔雀
28	ヘビ	いぬ	ヘビ	いぬ	いぬ	うし	うし	猿	孔雀	孔雀	ビーバー	ビーバー
29	いぬ	うし	いぬ	うし	うし	猿	猿	孔雀	ビーバー	ビーバー	イルカ	イルカ
30	うし		うし	猿	猿	孔雀	孔雀	ビーバー	イルカ	イルカ	ぞう	ぞう
31	猿		猿		孔雀		ビーバー	イルカ		ぞう		うさぎ

17番

	1月	2月	3月	4月	5月	6月	7月	8月	9月	10月	11月	12月
1	孔雀	ビーバー	孔雀	ビーバー	ビーバー	イルカ	イルカ	ぞう	うさぎ	うさぎ	ライオン	ライオン
2	ビーバー	イルカ	ビーバー	イルカ	イルカ	ぞう	ぞう	うさぎ	ライオン	ライオン	ヘビ	ヘビ
3	イルカ	ぞう	イルカ	ぞう	ぞう	うさぎ	うさぎ	ライオン	ヘビ	ヘビ	いぬ	いぬ
4	ぞう	うさぎ	ぞう	うさぎ	うさぎ	ライオン	ライオン	ヘビ	いぬ	いぬ	うし	うし
5	うさぎ	ライオン	うさぎ	ライオン	ライオン	ヘビ	ヘビ	いぬ	うし	うし	猿	猿
6	ライオン	ヘビ	ライオン	ヘビ	ヘビ	いぬ	いぬ	うし	猿	猿	孔雀	孔雀
7	ヘビ	いぬ	ヘビ	いぬ	いぬ	うし	うし	猿	孔雀	孔雀	ビーバー	ビーバー
8	いぬ	うし	いぬ	うし	うし	猿	猿	孔雀	ビーバー	ビーバー	イルカ	イルカ
9	うし	猿	うし	猿	猿	孔雀	孔雀	ビーバー	イルカ	イルカ	ぞう	ぞう
10	猿	孔雀	猿	孔雀	孔雀	ビーバー	ビーバー	イルカ	ぞう	ぞう	うさぎ	うさぎ
11	孔雀	ビーバー	孔雀	ビーバー	ビーバー	イルカ	イルカ	ぞう	うさぎ	うさぎ	ライオン	ライオン
12	ビーバー	イルカ	ビーバー	イルカ	イルカ	ぞう	ぞう	うさぎ	ライオン	ライオン	ヘビ	ヘビ
13	イルカ	ぞう	イルカ	ぞう	ぞう	うさぎ	うさぎ	ライオン	ヘビ	ヘビ	いぬ	いぬ
14	ぞう	うさぎ	ぞう	うさぎ	うさぎ	ライオン	ライオン	ヘビ	いぬ	いぬ	うし	うし
15	うさぎ	ライオン	うさぎ	ライオン	ライオン	ヘビ	ヘビ	いぬ	うし	うし	猿	猿
16	ライオン	ヘビ	ライオン	ヘビ	ヘビ	いぬ	いぬ	うし	猿	猿	孔雀	孔雀
17	ヘビ	いぬ	ヘビ	いぬ	いぬ	うし	うし	猿	孔雀	孔雀	ビーバー	ビーバー
18	いぬ	うし	いぬ	うし	うし	猿	猿	孔雀	ビーバー	ビーバー	イルカ	イルカ
19	うし	猿	うし	猿	猿	孔雀	孔雀	ビーバー	イルカ	イルカ	ぞう	ぞう
20	猿	孔雀	猿	孔雀	孔雀	ビーバー	ビーバー	イルカ	ぞう	ぞう	うさぎ	うさぎ
21	孔雀	ビーバー	孔雀	ビーバー	ビーバー	イルカ	イルカ	ぞう	うさぎ	うさぎ	ライオン	ライオン
22	ビーバー	イルカ	ビーバー	イルカ	イルカ	ぞう	ぞう	うさぎ	ライオン	ライオン	ヘビ	ヘビ
23	イルカ	ぞう	イルカ	ぞう	ぞう	うさぎ	うさぎ	ライオン	ヘビ	ヘビ	いぬ	いぬ
24	ぞう	うさぎ	ぞう	うさぎ	うさぎ	ライオン	ライオン	ヘビ	いぬ	いぬ	うし	うし
25	うさぎ	ライオン	うさぎ	ライオン	ライオン	ヘビ	ヘビ	いぬ	うし	うし	猿	猿
26	ライオン	ヘビ	ライオン	ヘビ	ヘビ	いぬ	いぬ	うし	猿	猿	孔雀	孔雀
27	ヘビ	いぬ	ヘビ	いぬ	いぬ	うし	うし	猿	孔雀	孔雀	ビーバー	ビーバー
28	いぬ	うし	いぬ	うし	うし	猿	猿	孔雀	ビーバー	ビーバー	イルカ	イルカ
29	うし	猿	うし	猿	猿	孔雀	孔雀	ビーバー	イルカ	イルカ	ぞう	ぞう
30	猿		猿	孔雀	孔雀	ビーバー	ビーバー	イルカ	ぞう	ぞう	うさぎ	うさぎ
31	孔雀		孔雀		ビーバー		イルカ	ぞう		うさぎ		ライオン

18番

	1月	2月	3月	4月	5月	6月	7月	8月	9月	10月	11月	12月
1	ビーバー	イルカ	ビーバー	イルカ	イルカ	ぞう	ぞう	うさぎ	ライオン	ライオン	ヘビ	ヘビ
2	イルカ	ぞう	イルカ	ぞう	ぞう	うさぎ	うさぎ	ライオン	ヘビ	ヘビ	いぬ	いぬ
3	ぞう	うさぎ	ぞう	うさぎ	うさぎ	ライオン	ライオン	ヘビ	いぬ	いぬ	うし	うし
4	うさぎ	ライオン	うさぎ	ライオン	ライオン	ヘビ	ヘビ	いぬ	うし	うし	猿	猿
5	ライオン	ヘビ	ライオン	ヘビ	ヘビ	いぬ	いぬ	うし	猿	猿	孔雀	孔雀
6	ヘビ	いぬ	ヘビ	いぬ	いぬ	うし	うし	猿	孔雀	孔雀	ビーバー	ビーバー
7	いぬ	うし	いぬ	うし	うし	猿	猿	孔雀	ビーバー	ビーバー	イルカ	イルカ
8	うし	猿	うし	猿	猿	孔雀	孔雀	ビーバー	イルカ	イルカ	ぞう	ぞう
9	猿	孔雀	猿	孔雀	孔雀	ビーバー	ビーバー	イルカ	ぞう	ぞう	うさぎ	うさぎ
10	孔雀	ビーバー	孔雀	ビーバー	ビーバー	イルカ	イルカ	ぞう	うさぎ	うさぎ	ライオン	ライオン
11	ビーバー	イルカ	ビーバー	イルカ	イルカ	ぞう	ぞう	うさぎ	ライオン	ライオン	ヘビ	ヘビ
12	イルカ	ぞう	イルカ	ぞう	ぞう	うさぎ	うさぎ	ライオン	ヘビ	ヘビ	いぬ	いぬ
13	ぞう	うさぎ	ぞう	うさぎ	うさぎ	ライオン	ライオン	ヘビ	いぬ	いぬ	うし	うし
14	うさぎ	ライオン	うさぎ	ライオン	ライオン	ヘビ	ヘビ	いぬ	うし	うし	猿	猿
15	ライオン	ヘビ	ライオン	ヘビ	ヘビ	いぬ	いぬ	うし	猿	猿	孔雀	孔雀
16	ヘビ	いぬ	ヘビ	いぬ	いぬ	うし	うし	猿	孔雀	孔雀	ビーバー	ビーバー
17	いぬ	うし	いぬ	うし	うし	猿	猿	孔雀	ビーバー	ビーバー	イルカ	イルカ
18	うし	猿	うし	猿	猿	孔雀	孔雀	ビーバー	イルカ	イルカ	ぞう	ぞう
19	猿	孔雀	猿	孔雀	孔雀	ビーバー	ビーバー	イルカ	ぞう	ぞう	うさぎ	うさぎ
20	孔雀	ビーバー	孔雀	ビーバー	ビーバー	イルカ	イルカ	ぞう	うさぎ	うさぎ	ライオン	ライオン
21	ビーバー	イルカ	ビーバー	イルカ	イルカ	ぞう	ぞう	うさぎ	ライオン	ライオン	ヘビ	ヘビ
22	イルカ	ぞう	イルカ	ぞう	ぞう	うさぎ	うさぎ	ライオン	ヘビ	ヘビ	いぬ	いぬ
23	ぞう	うさぎ	ぞう	うさぎ	うさぎ	ライオン	ライオン	ヘビ	いぬ	いぬ	うし	うし
24	うさぎ	ライオン	うさぎ	ライオン	ライオン	ヘビ	ヘビ	いぬ	うし	うし	猿	猿
25	ライオン	ヘビ	ライオン	ヘビ	ヘビ	いぬ	いぬ	うし	猿	猿	孔雀	孔雀
26	ヘビ	いぬ	ヘビ	いぬ	いぬ	うし	うし	猿	孔雀	孔雀	ビーバー	ビーバー
27	いぬ	うし	いぬ	うし	うし	猿	猿	孔雀	ビーバー	ビーバー	イルカ	イルカ
28	うし	猿	うし	猿	猿	孔雀	孔雀	ビーバー	イルカ	イルカ	ぞう	ぞう
29	猿	孔雀	猿	孔雀	孔雀	ビーバー	ビーバー	イルカ	ぞう	ぞう	うさぎ	うさぎ
30	孔雀		孔雀	ビーバー	ビーバー	イルカ	イルカ	ぞう	うさぎ	うさぎ	ライオン	ライオン
31	ビーバー		ビーバー		イルカ		ぞう	うさぎ		ライオン		ヘビ

19番

	1月	2月	3月	4月	5月	6月	7月	8月	9月	10月	11月	12月
1	イルカ	ぞう	イルカ	ぞう	ぞう	うさぎ	うさぎ	ライオン	ヘビ	ヘビ	いぬ	いぬ
2	ぞう	うさぎ	ぞう	うさぎ	うさぎ	ライオン	ライオン	ヘビ	いぬ	いぬ	うし	うし
3	うさぎ	ライオン	うさぎ	ライオン	ライオン	ヘビ	ヘビ	いぬ	うし	うし	猿	猿
4	ライオン	ヘビ	ライオン	ヘビ	ヘビ	いぬ	いぬ	うし	猿	猿	孔雀	孔雀
5	ヘビ	いぬ	ヘビ	いぬ	いぬ	うし	うし	猿	孔雀	孔雀	ビーバー	ビーバー
6	いぬ	うし	いぬ	うし	うし	猿	猿	孔雀	ビーバー	ビーバー	イルカ	イルカ
7	うし	猿	うし	猿	猿	孔雀	孔雀	ビーバー	イルカ	イルカ	ぞう	ぞう
8	猿	孔雀	猿	孔雀	孔雀	ビーバー	ビーバー	イルカ	ぞう	ぞう	うさぎ	うさぎ
9	孔雀	ビーバー	孔雀	ビーバー	ビーバー	イルカ	イルカ	ぞう	うさぎ	うさぎ	ライオン	ライオン
10	ビーバー	イルカ	ビーバー	イルカ	イルカ	ぞう	ぞう	うさぎ	ライオン	ライオン	ヘビ	ヘビ
11	イルカ	ぞう	イルカ	ぞう	ぞう	うさぎ	うさぎ	ライオン	ヘビ	ヘビ	いぬ	いぬ
12	ぞう	うさぎ	ぞう	うさぎ	うさぎ	ライオン	ライオン	ヘビ	いぬ	いぬ	うし	うし
13	うさぎ	ライオン	うさぎ	ライオン	ライオン	ヘビ	ヘビ	いぬ	うし	うし	猿	猿
14	ライオン	ヘビ	ライオン	ヘビ	ヘビ	いぬ	いぬ	うし	猿	猿	孔雀	孔雀
15	ヘビ	いぬ	ヘビ	いぬ	いぬ	うし	うし	猿	孔雀	孔雀	ビーバー	ビーバー
16	いぬ	うし	いぬ	うし	うし	猿	猿	孔雀	ビーバー	ビーバー	イルカ	イルカ
17	うし	猿	うし	猿	猿	孔雀	孔雀	ビーバー	イルカ	イルカ	ぞう	ぞう
18	猿	孔雀	猿	孔雀	孔雀	ビーバー	ビーバー	イルカ	ぞう	ぞう	うさぎ	うさぎ
19	孔雀	ビーバー	孔雀	ビーバー	ビーバー	イルカ	イルカ	ぞう	うさぎ	うさぎ	ライオン	ライオン
20	ビーバー	イルカ	ビーバー	イルカ	イルカ	ぞう	ぞう	うさぎ	ライオン	ライオン	ヘビ	ヘビ
21	イルカ	ぞう	イルカ	ぞう	ぞう	うさぎ	うさぎ	ライオン	ヘビ	ヘビ	いぬ	いぬ
22	ぞう	うさぎ	ぞう	うさぎ	うさぎ	ライオン	ライオン	ヘビ	いぬ	いぬ	うし	うし
23	うさぎ	ライオン	うさぎ	ライオン	ライオン	ヘビ	ヘビ	いぬ	うし	うし	猿	猿
24	ライオン	ヘビ	ライオン	ヘビ	ヘビ	いぬ	いぬ	うし	猿	猿	孔雀	孔雀
25	ヘビ	いぬ	ヘビ	いぬ	いぬ	うし	うし	猿	孔雀	孔雀	ビーバー	ビーバー
26	いぬ	うし	いぬ	うし	うし	猿	猿	孔雀	ビーバー	ビーバー	イルカ	イルカ
27	うし	猿	うし	猿	猿	孔雀	孔雀	ビーバー	イルカ	イルカ	ぞう	ぞう
28	猿	孔雀	猿	孔雀	孔雀	ビーバー	ビーバー	イルカ	ぞう	ぞう	うさぎ	うさぎ
29	孔雀	ビーバー	孔雀	ビーバー	ビーバー	イルカ	イルカ	ぞう	うさぎ	うさぎ	ライオン	ライオン
30	ビーバー		ビーバー	イルカ	イルカ	ぞう	ぞう	うさぎ	ライオン	ライオン	ヘビ	ヘビ
31	イルカ		イルカ		ぞう		うさぎ	ライオン		ヘビ		いぬ

20番

	1月	2月	3月	4月	5月	6月	7月	8月	9月	10月	11月	12月
1	ぞう	うさぎ	ぞう	うさぎ	うさぎ	ライオン	ライオン	ヘビ	いぬ	いぬ	うし	うし
2	うさぎ	ライオン	うさぎ	ライオン	ライオン	ヘビ	ヘビ	いぬ	うし	うし	猿	猿
3	ライオン	ヘビ	ライオン	ヘビ	ヘビ	いぬ	いぬ	うし	猿	猿	孔雀	孔雀
4	ヘビ	いぬ	ヘビ	いぬ	いぬ	うし	うし	猿	孔雀	孔雀	ビーバー	ビーバー
5	いぬ	うし	いぬ	うし	うし	猿	猿	孔雀	ビーバー	ビーバー	イルカ	イルカ
6	うし	猿	うし	猿	猿	孔雀	孔雀	ビーバー	イルカ	イルカ	ぞう	ぞう
7	猿	孔雀	猿	孔雀	孔雀	ビーバー	ビーバー	イルカ	ぞう	ぞう	うさぎ	うさぎ
8	孔雀	ビーバー	孔雀	ビーバー	ビーバー	イルカ	イルカ	ぞう	うさぎ	うさぎ	ライオン	ライオン
9	ビーバー	イルカ	ビーバー	イルカ	イルカ	ぞう	ぞう	うさぎ	ライオン	ライオン	ヘビ	ヘビ
10	イルカ	ぞう	イルカ	ぞう	ぞう	うさぎ	うさぎ	ライオン	ヘビ	ヘビ	いぬ	いぬ
11	ぞう	うさぎ	ぞう	うさぎ	うさぎ	ライオン	ライオン	ヘビ	いぬ	いぬ	うし	うし
12	うさぎ	ライオン	うさぎ	ライオン	ライオン	ヘビ	ヘビ	いぬ	うし	うし	猿	猿
13	ライオン	ヘビ	ライオン	ヘビ	ヘビ	いぬ	いぬ	うし	猿	猿	孔雀	孔雀
14	ヘビ	いぬ	ヘビ	いぬ	いぬ	うし	うし	猿	孔雀	孔雀	ビーバー	ビーバー
15	いぬ	うし	いぬ	うし	うし	猿	猿	孔雀	ビーバー	ビーバー	イルカ	イルカ
16	うし	猿	うし	猿	猿	孔雀	孔雀	ビーバー	イルカ	イルカ	ぞう	ぞう
17	猿	孔雀	猿	孔雀	孔雀	ビーバー	ビーバー	イルカ	ぞう	ぞう	うさぎ	うさぎ
18	孔雀	ビーバー	孔雀	ビーバー	ビーバー	イルカ	イルカ	ぞう	うさぎ	うさぎ	ライオン	ライオン
19	ビーバー	イルカ	ビーバー	イルカ	イルカ	ぞう	ぞう	うさぎ	ライオン	ライオン	ヘビ	ヘビ
20	イルカ	ぞう	イルカ	ぞう	ぞう	うさぎ	うさぎ	ライオン	ヘビ	ヘビ	いぬ	いぬ
21	ぞう	うさぎ	ぞう	うさぎ	うさぎ	ライオン	ライオン	ヘビ	いぬ	いぬ	うし	うし
22	うさぎ	ライオン	うさぎ	ライオン	ライオン	ヘビ	ヘビ	いぬ	うし	うし	猿	猿
23	ライオン	ヘビ	ライオン	ヘビ	ヘビ	いぬ	いぬ	うし	猿	猿	孔雀	孔雀
24	ヘビ	いぬ	ヘビ	いぬ	いぬ	うし	うし	猿	孔雀	孔雀	ビーバー	ビーバー
25	いぬ	うし	いぬ	うし	うし	猿	猿	孔雀	ビーバー	ビーバー	イルカ	イルカ
26	うし	猿	うし	猿	猿	孔雀	孔雀	ビーバー	イルカ	イルカ	ぞう	ぞう
27	猿	孔雀	猿	孔雀	孔雀	ビーバー	ビーバー	イルカ	ぞう	ぞう	うさぎ	うさぎ
28	孔雀	ビーバー	孔雀	ビーバー	ビーバー	イルカ	イルカ	ぞう	うさぎ	うさぎ	ライオン	ライオン
29	ビーバー	イルカ	ビーバー	イルカ	イルカ	ぞう	ぞう	うさぎ	ライオン	ライオン	ヘビ	ヘビ
30	イルカ		イルカ	ぞう	ぞう	うさぎ	うさぎ	ライオン	ヘビ	ヘビ	いぬ	いぬ
31	ぞう		ぞう		うさぎ		ライオン	ヘビ		いぬ		うし

陰陽《いんよう》五《ご》行説《ぎょうせつ》が教える

動物LOVE²占い

あの人との相性が見えてくる本

ジャン・ルイ・松《まつ》岡《おか》

◉――二〇〇〇年二月五日　初版発行
二〇〇〇年二月十日　二版発行
発行者――栗原幹夫
発行所――ＫＫベストセラーズ
〒一六〇―八三〇五
東京都新宿区西新宿七―二二―二七
電話〇三―三三六四―九一二一（代表）
振替〇〇一八〇―六―一〇三〇八三
印刷所――凸版印刷　製本所――明泉堂
◉――落丁・乱丁本はお取替えいたします。
定価はカバーに明記してあります。
Printed in Japan ISBN4-584-38030-9

38030

動物IDカード

シールを貼って完成させてね!

どうぶつIDカード

名　前

生年月日　　年　　月　　日　男・女

基本性格

第二の自分

守護動物

DOUBUTSU ID CARD

Name

Date of Birth

Sex　M・F

基本性格

第二の自分

守護動物